Eira'r Haf

Wil Bing

Gwasg Carreg Gwalch

Argraffiad cyntaf: 2020

ⓗ testun: Wil Owen

Rhif Llyfr Safonol Rhyngwladol:
978-1-84527-785-7

Cyhoeddwyd gyda chymorth Cyngor Llyfrau Cymru

Bydd breindal y gyfrol hon yn cael ei gyflwyno i Apêl Abererch
at Eisteddfod Genedlaethol Llŷn ac Eifionydd 2022

Darlun clawr: Dylan Williams
Cynllun clawr: Eleri Owen

Cyflwynedig i bob creadur a gwrddais a wnaeth
y bywyd 'ma'n werth ei fyw.

1

Daeth Gwen allan o'r siop a'i chychwyn hi ar draws y lôn bost am y clwb. Fel roedd yn camu i'r lôn cododd ei phen ac edrych i'r awyr

'Mae'r hogia ar eu ffordd,' meddai wrthi'i hun gan ddechrau gwenu. Ffugenw oedd Gwen am ei bod yn gwenu gydol yr amser; ei henw iawn oedd Grace. Croesodd y lôn ac aeth i fewn i iard yr hen ysgol gynradd a oedd bellach yn glwb i'r hogia. I fewn i'r gegin a dyna lle roedd Lyn ac Ann yn coginio fflat owt.

'Ma' nhw ar eu ffordd,' meddai. Mewn rhyw bum munud clywsant sŵn y ceffylau dur yn cyrraedd nes crynu yr hen ysgol 'dat ei sylfaen. Edrychodd Ann drwy'r drws a chyfrif pawb adra; oedd, mi oedd y dwsin yna. Gyda hyn dyma'r hogia yn dod i mewn, pawb yn rhoi ei helmet a'i got ar y silffoedd pwrpasol ger y drws.

Bob oedd y llywydd, wedi cael yr enw am ei fod o'n gwybod am BOB dim oedd yn mynd ymlaen. Roedd Bob yn un od, wedi bod yn ymladd i'r Ffrancwyr yn y Lleng Dramor yn 1978. Roedd rhywun wedi gofyn pam, a'r ateb oedd am fod ei daid wedi cwffio yn Sbaen hefo Wil Paynter a Tom Sbaen yn 1936.

'Dach chi'n iawn, genod?' gofynnodd wrth fynd i olchi ei facha.

Ymhen hir a hwyr gwaeddodd Kit ar i bawb ddod i eistedd. Roedd cymar pawb yno – wel, pawb oedd hefo un, ac un neu ddau o blant mân. Rhannodd y genod y bwyd a bu bwyta llon. Cinio dydd Sul ar brynhawn Sadwrn. Cig eidion yn grimp ochor allan a thatw rhost mewn saim gŵydd.

'Be sydd yna i bwdin?' bloeddiodd Kit, a chafodd glustan chwareus gan Lyn.

'Maners, ma 'na blant yma,' meddai.

'Dewis o ddau heddiw,' meddai Gwen dros y sŵn i gyd. 'Pwdin reis hen ffash yn popty neu pwdin reis hen ffash yn popty.'

'Y dwytha,' meddai Kit gan rowlio chwerthin gyda'r plant. Kit oedd y sarjant – Carwyn Edwards o Sir Feirionnydd wedi bod yn y 'kit', neu'r carchar. Bron yn ddwy feter o dal a llydan, mi fedrai guddio pot peint yn ei law a gwagio tua 20 mewn sesh fach. 'Dau beth da ddoth o sir Feirionnydd, O.M. Edwards a fi' oedd ei hoff ymadrodd.

Erbyn i'r hogia ymlacio a'r merched glirio'r llestri mi oedd yn dri o'r gloch. Ymgasglodd yr hogia yn y stafell cyfarfod ac eistedd o amgylch y bwrdd.

'Reit,' meddai Bob, 'Pawb wedi mwynhau nos Wenar?'

'Do!' oedd yr ateb gan bawb.

'Mi nes di Jip, welais i chdi yn cael blow job gan y beth hyll na!'

'Ma cael blow job gan hogan hyll fel dringo mynydd, sti: paid â sbio i lawr,' atebodd Jip.

'Kilo sgen i,' meddai Bob, 'a fydd o'n barod at hanner awr wedi saith.'

Mwrthwl i lawr a ffwrdd â'r hogia am adra i newid ac ymlacio. Gwaith Kit a Bob oedd rhannu'r *coke* i fagiau gram ac owns fel roedd angen.

Roedd hwn yn bur felly roedd angen torri (adio) citric ac ati iddo. Chwilio am ryw 1300 gram oedd yr hogia a'i werthu am £55 y gram i roi elw o tua £12,000 i'r clwb. Y bwrdd wedi ei orchuddio â chwrlid plastig, powlan gymysgu cacen gan Bob yn cymysgu'r *coke* â *baking powder*, powdwr *citric acid* ac ati gyda'i gilydd.

'Wedi crafu'r bowlan 'ma sawl gwaith pan oedd mam yn gneud cêcs,' meddai Bob.

'Wel crafa hi reit lân heddiw i ni gael elw go lew,' meddai Kit dan chwerthin wrtho'i hun. Erbyn chwarter wedi chwech roedd y cwbwl wedi'i wneud a'r *coke* wedi'i osod mewn pentyrrau ar gyfer yr hogia.

'Be ti'n feddwl o'r syniad o roi bonws bach i bob *dealer* Dolig? Rhyw bump gram am ddim?' gofynnodd Bob.

'Os di pawb on board, champion,' atebodd Kit. Cerddodd am y cwpwrdd i nôl rhywbeth.

Edrychodd Bob arno. 'Ffwc, ma hwn yn gawr o ddyn,' meddyliodd. 'Llond trol o drwbwl.'

Roedd Kit wedi rhedeg gyda gangiau o Lerpwl ac wedi dysgu llawer o driciau. 'Pan ti'n colbio rhywun, colbia fo fatha bod y bastad yn ceisio lladd dy fam' oedd un o'i ddywediadau. 'Pan ti'n mynd i gwffio, ti am gael dy frifo; rhaid rhoi hynny o'r neilltu. Os fedri wneud hynny mi guri di'r gelyn – y gelyn mwyaf ydi chdi dy hun!!' oedd un arall.

'Be nath iti adael crowd Lerpwl?' gofynnodd Bob gan wybod na châi o mo'r gwir.

'Cymru fach angen ei milwyr adra sti,' meddai Kit. 'Os byswn i 'di aros mi faswn yn gelan ne 'di lladd rhywun.'

2

Erbyn chwarter wedi saith mi oedd pawb yn bresennol, a dechreuodd yr hogia hel eu pac am bedwar ban Gwynedd: Kit a Tom am Mach, Ffi a Gordd am Trecastell, a Jip a Sam am dre'r addysg. Yn yr wythnos y byddai'r gweddill yn cael ei ddosbarthu 'blaw be oedd Bob am wllwn allan yn Porthllyn heno.

Taniodd Kit y car a ffwrdd â fo a Tom. Stopio am *chips* ar ôl trafaelio am hanner awr. Parcio'r Astra bach a cherdded dau gan llath i siop *chips*, bwyta'r *chips* reit handi ac allan trwy gefn y siop ac i fewn i VW Passat ac awê am Mach. Newid car rhag ofn – rhag ofn be? Jyst rhag ofn, meddai Tom.

Saer oedd Tom wrth ei waith ac roedd yn un da. Gareth Vaughan Jones oedd ei enw ac un diwrnod roedd rhyw saer o Fangor wedi dechrau codi cnecs yn y gwaith hefo fo: 'You think you're hard just because you got a bike, aye.' 'Ffwcin hard, y cont bach,' ac yn ei fyll mi trawodd o, y Bangor lad, ar bont ei ysgwydd gyda chefn ei fwyallt a thorri'r bont: *game over*. Tomahawk fuodd ei enw ers hynny. Mi gymerodd ddau labrwr i'w ddal yn ôl rhag gwneud mwy o ddifrod; mi oedd y niwl coch wedi cyrraedd.

Ar ôl awran dda daethant dros y bont i Mach. Stopio yn maes parcio'r Co-op a disgwyl. Mi roth Kit ganiad sydyn ar y ffôn ac mewn pum munud dyna ddau lwfryn yn dod i'r golwg. Jac a Jil oedd yr hogia yn galw'r rhain. Steddodd Jac yn gefn y car hefo Tom a gwneud y dîl. Talu yn syth oedd y drefn, dim o'r lol *i.o.u.* 'ma. Di hynny ddim ond yn hel am dwrw.

Neidiodd Jac allan, a ffwrdd â'r hogia am y Forester i weld Bill. Rhyw stribyn oedd Bill, debyg i gi jipsi, dim ond pen, coc a 'senna. Ta waeth fe wnaethwyd y dîl a dywedodd Bill ei fod wedi cael cynnig stwff gan rhyw gono o'r Trallwng.

'Ffonia i di,' meddai Kit, a dyna fuodd: ffwrdd â nhw am Ddolgellau a chael gwared ar owns arall yn gefn y Stag. Ar ôl sbel o ddreifio stopiwyd i godi'r car bach ac am y clwb â nhw. Erbyn hyn roedd wedi unarddeg.

'Peint bach distaw,' meddai Kit ar ei drydydd cyn hanner nos a chwerthin fel morleidar llon.

'Llnau yr hen feics fory,' meddai Tom. 'Fydda i yma erbyn deg.'

'Iawn,' meddai pawb, a dyna yfad braf tan ddau o'r gloch cyn i Gwen ddanfon pawb adra. Un dda oedd Gwen.

'Cofia newid i dy jamas a deud dy bader,' meddai Gwen wrth ollwng y dwytha.

3

Cusanodd y wawr y bore â'i gwefusau oren a chlywid cnoc y cyll yn yr awel fwyn. Dechreuwyd llnau yr Harleys, pawb yn llnau ei feic ei hun a Ffi yn archwilio fod pob un yn iawn. Peiriannydd moduron oedd Ffi, oedd wedi cael ei enw oherwydd mai ei ddywediad amla oedd 'Ffyc it'. Roedd yn gallu troi ei law at unrhyw beiriant, ond beics oedd 'i betha fo. 'Oed yn dŵad â profiad' oedd un o'i ymadroddion.

Tra'n stwna o amgylch y beics dechreuwyd sôn am Bill a'r cynnig a gawsai. Ffoniodd Kit o a chael mwy o'r hanes ac fe ddaeth i'r golwg mai beicar oedd wedi gwneud y cynnig gan fwgwth ar yr un adeg.

'Rhaid sortio hyn yn syth,' meddai Bob. 'Rhaid inni wylio cefn ein dealars ne mi golla ni y cwbwl!' Roedd pawb o'r un farn ac yn ystod yr wythnos fe wnaed braslun o be i wneud.

Nos Fercher oedd noson capal, neu *church* yn ôl y Sais. Cyfarfod yn y clwb: aelodau yn unig. Pob ffôn off a'i gadael yn y bar. Fydda rhai ddim yn cario ffôn am fod yr heddlu'n gallu gweld lle oeddat ti. Dyfeisiwyd plan, a byddai chwech o'r hogia yn y stŵr: Bob, Kit, Tom, Ffi, JR a Jipsi. A dyna hi tan nos Sad nesa.

Roedd y cyfarfod ar gau pan ofynnodd Efs os oedd rhywun wedi clywad hanes Bessie no4. Neb yn deallt dim. 'Wel,' meddai. 'Ma'i wedi adferteisio am ddyn yn y papur newydd!' Chwarddodd pawb am fod Bessie'n reit agos i bedwar ugain. 'Dyma fo,' meddai Efs, a dangos papur newydd i'r hogia. Darllenodd y darn: "Yn angen, dyn neith ddim fy nghuro na rhedeg ar ôl fy ffrindiau. Rhaid iddo fod yn dda yn gwely.' Ma nhw'n deud bod llawer di ymgeisio – pan bashis i ei thŷ hi gynna mi oedd yna greadur mewn cadair olwyn yn ei drws, heb freichia na coesa. 'Be tisio?' meddai Bessie. 'Wedi dod am yr adfert, sgen i ddim breichia i dy guro na coesa i redag ar ôl dy ffrindia.' 'Be am y gwely?' meddai Bessie. 'Wel neshi ganu gloch do!'

Wel dyna ha ha a phawb yn clustochi Efs fel plant. Rhaid cofio un peth am yr hogia beics 'ma, maen nhw'n driw i'w gilydd ac os gwelwch un tydi'r nesa ddim nepell.

4

Unarddeg o aelodau oedd yng nghlwb y Meheryn. Dechreuwyd y clwb yn nechrau'r wythdegau pan ddaeth Bob adra o'i drafals. Roedd wedi gweld gangiau beics yn Llundain ac wedi gwirioni arnyn nhw – beryg am eu bod yn debyg i'r fyddin efo trefn a rheolau, er eu bod yn erbyn rheolau pawb arall. Rhyw fath o strwythur i fywyd, dyna oeddan nhw yn ei gynnig – ac yn amal mae adar o'r un lliw yn hel at ei gilydd a gwneud teulu arall.

'Does 'na ddim angen mwy na dwsin o aelodau – deuddag oedd gan yr Iesu ac mi oedd un o rheini yn fasdad,' fel y dywedodd Sam mewn cwrdd rhyw noson. Mi oedd Tom dwtsh yn fengach na Bob ond roeddant yn mynd yn ôl sbel go lew ac mi fuodd Tom tu ôl i'r fflag am bwl.

Rip – dipyn o gymer: ei enw iawn Gwilym Llywelyn Williams, yn byw mewn tyddyn bach gyda'i dad, Now Dan Draed, diawl o enw. Meddwai Now nes gorfeddian dan draed ers talwm. Heb gael diferyn ar ôl colli'r wraig i gancer pum mlynedd yn ôl. Cadw tŷ i Rip oedd ei waith. Rip? Hel pysgod cregin i ryw ffyrm o Sir Fôn oedd Rip gyda fan fawr wen, mynd o sgotwr i sgotwr o amgylch arfordir Gwynedd ... felly y cafodd yr enw – Rip Fan Winkle. Roedd y fan yn golygu y gallai Rip ddanfon stwff yn bell.

Efs – dim ond Efans plaen. Mi oedd yn byw uwchben y siop tattoos, gyferbyn â'r clwb, ac mi fu sôn am '*Efans above*'.

JR – John Richard a dim arall.

Jipsi am ei fod o deulu jipsi.

Postman oedd Picasso – roedd ei alw yn Van Gogh yn rhy hawdd felly bu raid pigo peintiwr arall.

Ac yna Gordd. Gwneud gwaith ffensio i ryw Sais oedd Gordd. 'Can you pass me the gyrdd?' meddai am nad oedd yn gwybod enw'r twlsyn yn yr iaith fain.

A'r aelod dwytha: Sam Anon. Mi oedd Sam yn unigolyn, yn hoffi bod ar ben ei hun a doedd neb o'r hogia blaw am Bob yn gwybod dim o'i hanes.

Ac er hyn i gyd, roedd y cyfuniad o'r hogia 'ma yn eu clymu nhw'n frawdoliaeth a phan oeddan nhw'nn reidio yr hen Harleys, doedd 'na ddim i guro hynny. Y sŵn a'r sylw; y mynd yn gyflym mewn pac sy'n galw am sgil a bod ar ben y gêm rhag cael neu achosi damwain; yr haul a'r gwynt yn dy wep, a glaw weithia – ond doedd glaw ddim yn tynnu oddi ar y teimlad 'na o fod yn fyw ac yn chware mig gyda marwolaeth. Cadernid creigiau Eryri o dy gwmpas di a'r cryfder hwnnw yn rhoi nerth i'r peiriant sy'n rhuo rhwng dy goesau di. Mae'n anodd disgrifio perffeithrwydd, dim byd yn poeni na dim yn cyfri ond y teimlad o dragwyddoldeb nes bod 'na gacwn yn trawo dy dalcan ar saith deg milltir yr awr.

Yn yr hen ysgol yr oedd y clwb. Bob oedd wedi prynu'r lle yn eitha rhad efo elw ei gyfnod yn Llundain. Mi fuodd yn fan'no am dros ddeng mlynedd yn fownsar a gangstar ac yn gwerthu cyffuriau. Roedd Sam yno efo fo am beth o'r amser. Ail-wneud tai yn y dydd a waldio yn y nos.

5

Fe ddaeth y penwythnos yn reit handi ac roedd yr amser wedi dod i setlo'r busnas Mach 'ma. Cychwynnodd pawb am hanner awr wedi pedwar; Bob, Jipsi a Ffi mewn un transit, Kit a Tom yn y llall a JR yn yr Astra. Aeth Bob a'i griw yn syth am Mach a'r ddau foto arall am Dinas Mawddwy; gadawyd yr Astra yn garej caffi Mallwyd wrth y rowndabowt ac i ffwrdd â'r hogia am Mach trwy Gemaes.

Wedi cyrraedd Co-op Mach parciodd Bob â'i din i fewn fel bod posib gwylio pawb. Erbyn i Tom gyrraedd roedd Kit a JR yn gefn ei fan, a pharciwyd tua llathan odd'wrth Bob ond ar eu pen i'r clawdd. Ffoniodd Kit Bill a dweud eu bod wedi cyrraedd. Y plan oedd cael gair yn glust y boi newydd.

Am han'di chwech, amsar y cyfarfod, daeth Bill, y dealer o Mach, allan o Ferc du oedd wedi cyrraedd ers rhyw ddeng munud, a dau strap o hogia tu ôl iddo. Eisteddai Tom yn set pasenjer Bob, a daeth Bill ato a'i gyfarch.

'This is Steve and Dave,' meddai. 'They want a chat.' Roedd y tri wedi gwthio rhwng y ddwy fan ac agorodd Tom ei ddrws gan gau un ddihangfa.

'Gleua'i,' meddai wrth Bill gan roi peltan law agored i Dave ar draws ei wep. Yn y cyfamser roedd Bob wedi mynd o amgylch y fan a chau'r ddihangfa arall. Yna dyma Kit yn agor drws ochor y fan arall o'r tu mewn a rhoi bangar fel gordd ar ben y Steve tan oedd o yn cysgu. Taflwyd y ddau i'r fan a gyrrodd JR eu car i'r garej yn Mallwyd. Cafodd y ddau eu holi a'u pwyo yn ddidrugaredd ar y ffordd i Mallwyd. Torrwyd braich un a senna'r llall a deud wrthynt am aros i'r dwyrain o'r Trallwng.

Roedd yr hogia'n gwisgo cyts Herwyr a brynwyd ar y we, felly i bwy bynnag fyddai wedi gweld y stŵr, yr Herwyr oedd ar fai. Cymerwyd ffôn y ddau, a chadw un i nabod rhifau yn y dyfodol. Taflwyd y ddau i'w car yn Mallwyd ac yna ffonio enw yn y ffôn a deud lle roeddynt a be oedd 'di digwydd.

Aeth JR am banad ac yna setlo i wylio pwy oedd am nôl y bois yma. Ymhen awr a chwarter dyna gar 4x4 yn troi i'r garej ac at y cleifion. Helpwyd y ddau a dreifiodd rhywun eu car i ffwrdd. Ffilmiwyd y cyfan ar dashcam JR.

Ar ôl i bawb glirio cychwynnodd JR am adra heibio Llyn Fyrnwy a'r Bala. Lôn handi i weld os ti'n cael dy ddilyn. Byddai'n rhaid cael cyfarfod bora Sul gyda phawb i ddangos y ffilm rhag ofn eu bod nhw'n nabod rhywun.

6

Daeth y Sul a chyfarfu pawb yn y clwb erbyn deg. Edrychwyd ar y ffilm o'r dashcam ac roedd Sam yn adnabod un o'r criw. 'Un o'r Fall ydi hwnna, Gabby di'i enw fo,' meddai.

Pasiwyd mai'r peth gora i wneud oedd . . . dim. Gadael i'r helynt redeg ei hynt. Ac felly y bu, dal i ddanfon cocaine i bob rhan o Wynedd ond cyfarfod mewn gwahanol lefydd yn Mach, ac ar ôl wythnos go lew fe symudwyd Bill i lawr i Aberystwyth. 'Os nân ni wyliad ar ôl pobol ni, gawn ni enw da,' meddai Bob.

Mi oedd yr hogia yn gwybod fod y Fall a'r Herwyr yn siarad â'i gilydd i geisio cadw'r ddesgil yn wastad ac y buasent cyn hir yn ceisio darganfod pwy oedd wedi rhoi cweir iddynt a phwy oedd yn rhedag cyffuriau. Doedd ddim pwynt poeni; roedd y Pasg ar ddod, amser pwysig i'r hogia. Mi oedd Penllyn a Phen Llŷn am fod yn llawn o gwsmeriaid.

Roedd Picasso yn gweithio ym Mhen Llŷn. Ei rownd o oedd Aberdaron a'r cylch, ac yn fanno roedd ei gwsmeriaid yn cael gwasanaeth o ddrws i ddrws. Rhag tynnu sylw mi oedd ganddo un neu ddau o ddosbarthwyr fel Mai Tŷ Pen. Galwai pawb yn nhŷ Mai am banad a jangl felly roedd yn le cyffrous, ac eto yr un rheolau oedd yma, dim pres dim eira.

'Cofia pan ti'n tŷ Mai – pres de, a ddim glychu dy gacwn!' gwaeddodd Dafs ar Picasso.

Gwaith Efs oedd danfon parseli ac fe ddefnyddid iard y

clwb fel man cyrchu i'r ffyrm. Fedrai Efs ddanfon bron i rywle gyda'i swydd ac roedd Rip yn gwerthu ownsys yma ac acw i sgotwrs ne rywun oedd yn deallt y sgôr.

JR a Gordd fyddai'n gwerthu yn Trecastell a Bangor. Roedd rhain yn drops go fawr, ac fe ddywedai JR, 'Ma'i'n lluwchio acw' pan fyddai angen mwy nag arfer.

Mi oedd y Pwyliaid wedi dechrau cymryd Trecastell drosodd nes i Bob a Sam sortio petha. Diflannodd yr ail brif ddyn dros nos; darganfuwyd ei grys yn socian o waed yn ei ystafell. Dychrynodd hyn y gweddill ac ni fu llawer o helynt wedyn. Wedi mynd â'r Pwyliad i hen shed roedd Sam a'i glymu i gadair. Tynnwyd ei drowsus i lawr ac yna rhoi pedair Viagra iddo mewn llwyth o whisgi. Pan sefodd ei John Tomos yn syth fe dynnwyd gwellau gwau allan o fag a dyna Bob yn gofyn i Sam pa seis oedd o angen.

'Dechra hefo 8 ac mi weithian ni i fyny 'dat y rhai pren tew,' meddai, a Bob yn curo'r rhai tew ar y bwrdd. Mae'n rhyfeddol faint o Gymraeg a ddeallodd y Pwyliad.

'No no no . . .'

'Five hundred quid and fuck off for ever,' meddai Bob.

'Or die,' meddai Sam.

'I go now,' meddai'r Pwyliad, a welwyd byth mohono. Wedi golchi ei grys mewn gwaed o'r lladd-dy oedd Sam ac wedi dod â photelaid o waed i daenu dros yr ystafell yn nhŷ'r Pwyliad.

'Dim ond mynd i'w penna nhw sydd raid,' meddai Sam.

O Lerpwl roedd y cyffur yn dod, hefo bws yn yr wythdegau cynnar, y Cymru Coastliner. Rhoi parsal ar y bws yn Skelhorne Street, tu cefn i'r Adelphi, a'i godi fyny yn swyddfa Crosville yn Trecastell. Heddiw roedd defnyddio loris nôl ffrwythau a ffyrms parseli yn gweithio, ac ambell dro byddai rhywun yn danfon am bris. Roedd Kit yn adnabyddus yn Lerpwl am ei fod wedi rhedeg gyda gangsters go iawn yn ei ddyddiau cynnar ac yn gwybod am bob twll a chongol o'r ddinas.

'Rhaid iti sgwennu llyfr am dy orchestion,' meddai Dafs.

'Mi oedd y wasg angen rhwng 50-80 mil o eiriau,' meddai Kit.

'So?' meddai Dafs.

'So nes i bostio geiriadur iddyn nhw.'

7

Fe ddaeth y Groglith: diwrnod prysur ddiawledig i'r hogia. Roedd rhaid cyflenwi'r regiwlars fel bod pawb ar gael am y penwythnos mawr. Job gyntaf Bob oedd mynd i'r meysydd carafanau i weld rheini oedd yn prynu wrth yr owns, a hynny mewn fan ac arwydd torri gwair ar ei hochor fel bod dim yn tynnu gormod o sylw. Arwydd magnetig oedd hwn fel y gellid newid cymeriad y fan yn sydyn.

Ffoniodd Bob am fwy o eira o Lerpwl. 'Dwy awr a hannar, wela'i di' oedd yr ateb. Aethpwyd i giât Billie i gyfarfod y parsal a thalwyd yn syth. Doedd ar yr hogia ddim dima i neb a doedd ar neb ddim dima iddynt hwy.

I'r tai tafarna â nhw a thoddi i mewn i'r amgylchedd. Dim llai na thri yn unrhyw dafarn er mwyn gwylio'u cefnau. Roedd Sam mewn cornel yn cael ei fwydro gan y fodan 'ma a dau foi hefo hi. Blondan oedd hi, angen hanner owns ond ddim isio talu. Gwthiai ei bronnau i wynab Sam, roeddan nhw fel dau fabi dan blancad yn cwffio. *T-shirt* tyn a shorts cwta, roedd y cwbwl yn ffenast y siop.

'C'mon big boy, I'll work the debt off, you can stick it up my arse.'

Dyna Sam yn rhoi clustan iddi tan ei bod hi'n powlio ac yna un i'r chwith, dde ac roedd y bodigards yn cysgu. Sôn am stŵr; pobol yn gweiddi a Sam yn cŵl ac troi'r boi ar ei fol, gwagio'i walet o, rhoi yr eira yn ôl yn ei boced.

'Hey mate, you can't do that,' meddai rhyw goc oen o Wilmslow. Bang o'r ochor gan Kit, yn gwenu fel giât.

'Anyone else?' meddai fo. 'Got plenty to share!' gan ddal ei ddwrn i fyny fel tad yn dwrdio. Allan â'r hogia. Shifftiwyd pawb rownd un fel bod hogia gwahanol ym mhob tafarn. Doedd yr hogia ddim yn troi fyny yn eu dillad beicio, ond dillad mynd allan 'fath â pawb arall.

Heliodd pawb i'r clwb erbyn hanner wedi hanner a thrafod y noson gan ymlacio gyda pheint ne ddau. Mi oedd yna un rheol oedd yn cael ei defnyddio i'r eithaf. Byth meddwi mewn lle diarth.

'Mi ydan ni angen pawb ar ben ei gêm, hynny yw, *fighting fit*,' meddai Bob.

8

Bore dydd Sul roedd pawb yn y clwb erbyn unarddeg ar ei feic yn barod am sbin. Sbin piso'n congla oedd un enw arni am fod yr hogia yn reidio o amgylch terfyn eu tiriogaeth. Doedd neb wedi ei roi iddynt ond doedd neb am gael ei feddiannu; Cymru i'r Cymry oedd y deud. Unarddeg o farchogion Glyndŵr oedd ar yr Harleys y bore hwnnw.

O'r clwb draw am Aberdaron, Nefyn, Trecastell, o amgylch fa'ma ddwy waith i wneud yn saff fod pawb yn gwybod fod 'The boys are back in town' 'nôl Thin Lizzy. Mae yna ryw wefr wrth reidio'n glos a chyflym, pawb yn gwybod ei le yn y cnud: os reidio ochor fewn, fan honno bob tro, dim mwy na hyd beic o'r nesa a hwnnw ochor allan. Dylai deg o feics fod mewn can troedfedd. Y sŵn, y frawdoliaeth, y bobol yn edrach, does dim tebyg.

Yna i'r A5 lawr trwy Pesda, Corwen, Llangollen, lawr yr A483 i'r Drenewydd ac yna am Mach ac i fyny yn ôl i'r Gododdin. JR oedd ar y pen blaen fel capten ffordd, ei swydd oedd trefnu'r daith, pa ffordd, lle i gael petrol ac ati, ac weithia fe wnâi betha doniol. Os oedd car reit araf o'i flaen mi fyddai'n ei basio a 'rafu i lawr i tua deg milltir yr awr. Roedd pawb yn deallt fod rhaid pasio'r car a JR yn ddisymwth cyn i JR reidio yn ôl i'w briod le yn y cnud. Mi oedd angen bod yn dipyn o giamstar pan oeddet ar y blaen, os am basio roedd rhaid gwneud yn siŵr fod 'na le i bawb basio, a llawer gwaith roedd y ddau ddwytha yn cymryd eu bywydau yn eu dwylo.

Roedd 'Adewais i groen fy nwylo ar y car 'na,' yn ddywediad amal. Sam oedd y brwsh, *sweeper*. Wastad yn y cefn yn gwylio am rywbeth neu rywun anghyfarwydd, diarth neu annisgwyl. Roedd ganddo radio yn ei helmet i gysylltu gyda JR os byddai rhywun wedi torri lawr ac ati. Byddai'r ddau yn defnyddio iaith pobl y CB ar y radio: bandit am gopar ac yn y blaen.

Cyrraedd adre ychydig wedi wyth ac ar eu pennau i'r clwb lle roedd teulu pawb yn barod am y barbeciw mwyaf erioed. Y plant yn merangian ar eu tada': 'Ga'i, ga'i hyn, ga'i hwnna, ga'i wneud hynna?' Roeddent wedi'u weindio.

'Pwy roddodd coca-cola i rhein?' meddai Kit dan chwerthin a gwthio byrgar arall i lawr y twll mawr a hwrjio can arall i'r plant. Direidus ddylid ei alw, a'r plant yn ei addoli.

'Y diawl drwg,' meddai Gwen, a chipio'r can o'i law. Chwarddodd o waelod ei fol, a'r plant gydag o.

Mi oedd sgrams yr hogia yn fyd enwog: gormodadd o fwyd, ond roedd y gweddillion yn cael eu danfon i'r henoed, ac nid i ryw westars trydydd cenhedlaeth di-waith. 'Mae angen haneru y blydi dôl 'ma,' oedd barn Sam.

'Dwi'n teimlo fel Robin Hood,' meddai Efs wrth ddanfon bwyd i Mrs Jones bach, a oedd yn byw nid nepell o'r clwb.

Nos Lun at yr wyth bu cyfarfod didoli y sbin, trafod oedd rhywun wedi gweld rhywbeth ac ati. Roedd JR wedi sylwi ar ryw foi yn eu gwylio nhw'n reit graff yn y Trallwng ac wedi sylwi arno eto yn y Drenewydd mewn car VW Golf coch.

'Peidiwch â poeni llawar amdano,' meddai Bob. 'Gang o feicars welodd o, a dim arall. Peidiwch â gorfeddwl y sefyllfa, mae pob dim mewn llaw.'

9

Ychydig cyn y Sulgwyn daeth un o'r Herwyr i lawr i siarad hefo Bob ac i holi pwy oedd yn rhedeg pa dref.

'No idea,' meddai Bob, 'we're a clean club.'

'Who you fuckin kidding lad?' meddai'r Herwr.

'Mind your tongue son, or you might lose it,' ebe Bob, a chwerthin i dynnu'r gwenwyn o'r ymadrodd. Edrach ddigon hurt nath yr Herwr, wedi synnu bod rhywun ddim ei ofn.

'Ofn,' meddai Bob, 'ydi dyn du off ei ben ar gyffuriau yn dŵad amdanat ti hefo AK47 ac mae o'n meddwl ei fod yn anfarwol. Ffwc sêc, sgin rai ddim syniad.' Mi oedd wedi gweld tipyn o firi yng y Congo yn Ngogledd Affrica, hefo'r *fuzzywuzzies* yn ôl copral Jones. Nid rhamant ydi byw mewn byddin. Be sylwch ydi fod yr hiwmor yn ddu, a mwyaf twyllodrus y trais, duaf yr hiwmor.

Roedd Bob wedi rhedag i ffwrdd i'r môr yn un ar bymthag, i'r Norwegian Merchant am fod mwy o arian i'w gael yno. Cafodd ei guro am ei fod yn cabin boy gan lawer i hen fastad, ac yntau wedi denig i'r môr am fod ei lystad yn ei guro.

Cyrhaeddodd y llong ddinas Mobile yn America, lawr yn y Gulf. Neidiodd gwch a thrafaelio i fyny'r wlad am y gogledd. Cafodd waith ar *ranch* anferth. Doedd dim ond concrit arni, a padocs, ac wrth i anifail gyrraedd pwysau arbennig câi ei symud i badoc arall ac yn y diwedd i'r lladd-dy a byrger.

Daeth gang o hogia gyda *combine harvesters* i'r *ranch* i gynaeafu'r ŷd a chafodd waith hefo'r ffyrm a thrafaelio hyd at Canada yn hel cynhaeaf. Gwaith y diwrnod dwythaf oedd hel hadau i wneud bwyd adar Trill. A'r bore drannoeth mi oedd yna eira ar lafn y *combine*.

Gadawodd Ganada a dal llong i Marseilles; ymunodd â'r Llu Ffrengig yn ddeunaw a dyna fuodd hi am bum mlynedd. Gwelodd bob math o erchylltra, torri breichiau pobol i ffwrdd a lladd er mwyn lladd. Ni fyddai byth yn sôn am ei gefndir, dim ond deud fod ganddo basport Ffrengig.

'Siarada i byth y bastad iaith tra fydda i fyw ar ôl bod trwy ffasiwn lanast ar eu cownt,' meddai.

10

Roedd y Sulgwyn newydd fynd heibio a'r bechgyn wedi bod yn gweithio'n reit galed rhwng pob dim.

'Ma'i'n bwrw eira yn constant yn Llanaelhearn,' meddai JR am fod cymaint o fynd ar y powdwr gwyn. 'Ma penrhyn Llŷn wedi sincio chwe modfedd i'r môr am fod 'na gymaint o ymwelwyr yma,' cyhoeddodd, gan rwbio'i ddwylo.

Dros y ffordd i'r clwb roedd rhes o siopau. Y gyntaf oedd siop lyfrau JR ac roedd yn byw uwch ei phen gyda'i fodan Ann. Yn y canol roedd caffi. Gwen oedd yn ei rhedeg a hi oedd yn byw uwchben, ac yno roedd Bob y rhan fwyaf o'i amser. Siop *tattoos* oedd y siop ddwythaf, ac Efs yn byw i fyny. Mi oedd gan Bob siâr yn y siop *tattoos* a'r siop lyfrau a fo oedd pia'r caffi.

Roedd Kit yn byw i'r dwyrain, tua hanner awr i ffwrdd, Tom yn byw hefo'i deulu ar gyrion y dre, Picasso wedi prynu tŷ cyngor, a Gordd hefyd. Rhedeg ffyrm ail-wneud gerddi oedd Gordd ac roedd Kit yn rhoi hwb yn ôl yr angen. Roedd Ffi yn byw mewn tŷ o safon, wedi ei gael ar ôl ei fam, Jip mewn tŷ cymunedol a doedd diawl o neb yn gwybod am Sam. Lle oedd Sam yn gorffwys ei ben? Toedd yn ddim ichi ei ddarganfod yn cysgu yn y clwb.

Roedd pob ffenast yn y clwb wedi ei blocio gan flocs naw a'u llond o goncrit gyda bwrdd du a llenni rhwng y gwydr a'r blocs. O'r tu allan edrychai'n hollol naturiol ond roedd hyn wedi ei wneud i arbad pobol petai yna saethu ac ati.

Yng nghefn y clwb roedd sied i warchod plant rhag y glaw ers pan oedd y lle yn ysgol. Roedd deuparth hon yn gwt ar gyfar trwsio beics, a Ffi yn ei redeg fel busnes, a'r darn oedd ar ôl yn gampfa i'r hogia i gadw'n heini. Pob math o gelfi, pwysau, bagia waldio a rhaffau.

Daeth cerbyd i fewn a dyma un o'r teithwyr yn dweud wrth Ffi, 'Where's the boss man? I need a word.' Roedd Bob wedi gweld y cwbwl ar y camerâu CCTV oedd o amgylch y clwb ac roedd tu ôl i'r clown cegog 'ma mewn chwinciad.

'Listen fella,' meddai'r ceiliog dandi, 'What's going on? Two of our guys got done over in Macinlet and it needs to stop, it's our territory or else. You listening, Taffy?'

'Taffy, Taffy, y bastad!' harthiodd Bob a gwthio *nine mil auto* i wynab y bygar a Ffi yn sefyll hefo twelf bôr dwbwl yn anelu at y gyrrwr. 'Call me a Taffy, cunt, I live a hundred and fifty miles away from the Taff, the last time two of your lot turned up shouting the odds they came back in a black estate, in coffins. You were pissing my mate Cyril Wilson about in Liverpool, so think on and let it go!'

Ac i ffwrdd â nhw fel ergyd. Hogia y Fall oedd rhain heb os nac oni bai. Dyna'r criw gafodd eu saethu yn Lerpwl am geisio symud i fewn ar hogia lleol gyda chyffuriau, gan feddwl fod pawb eu hofn. Mae bywyd yn ddiawledig o rhad yn Lerpwl; mi eith pum cant punt yn bell i brynu corff. Dywedai Kit ei fod wedi bod mewn cyfarfod yno flynyddoedd yn ôl pan nath rhywun gwyno fod X Parry yn 'pain in the arse'. Darganfuwyd o dridia wedyn yn nofio yn y Mersi.

11

Ffoniwyd yr hogia i ymgynnull yn y clwb yn reit handi i drafod y petha. Daeth pawb yn brydlon a thrafodwyd y broblem drwyddi draw. Yr helynt dan sylw oedd busnes y Fall yn gwerthu stwff yn Machynlleth, ac am ein bod wedi rhoi stid iddyn nhw, roedd hi'n amlwg y byddan nhw hefyd angen dangos eu metel a sortio be oedd be. Ond nid oeddan nhw wedi breuddwydio yn eu hunllef fwyaf erchyll beth oedd union faint y gelyn.

Cynigiodd Bob fod yn rhaid cysylltu â'r clybiau Cymraeg tanddaearol oedd yn y gogledd a bod hyn yn gyfle i uno pawb. Ffoniwyd y Gwylliaid Cochion, Cŵn Annwn a'r Ffernols.

Eglurwyd iddynt be oedd be: os oedd y clwb i fewn, rhywun yn cario storis . . . dedar. Daeth gair yn ôl o bob clwb, a phob un yn awyddus i wneud un clwb cry' Cymraeg.

Am tua tair wythnos bu bechgyn y gwahanol glybia'n yfad yn ardal y Trallwng yn nhafarnau'r Talbot, y Grapes a'r Angel i enwi dim ond tri: ddim fel beicars ond fel pobol bob-dydd, ac ar ôl ychydig amser roedd rhai yn *regulars* yn y tafarnau. Nid Bob, Ffi a JR – roedd eu gwynebau nhw'n rhy adnabyddus, roedd JR wedi clocio'r boi pan oedd ar y sbin a wyrach ei fod yntau wedi clocio gwep JR.

Penderfynwyd fod yr her am ddod y Sadwrn canlynol. Mi oedd pawb reit ddistaw yn yr wythnos flaenorol ond am

Kit, a oedd yn edrach ymlaen at yr ymryson, a Sam, oedd yn mynd o gwmpas ei betha, hogi cyllith ac yn y blaen.

Daeth y diwrnod mawr a chyrhaeddodd pawb mewn da bryd. Aethant i mewn i'r tafarnau fesul dau a thri. Mi oedd rhai o'r hogia yn ei chachu hi. Ddim bob diwrnod ti'n mynd hed-on i strach, ond dyna'r lle mae rhywun yn profi'i hun. Mae rhai yn mynd yn ddistaw ac yn teimlo fel chwydu. Mae 'na rai eraill – fel Dafs – yn jocian. Felly oedd o'n handlo y cach. Dyma Bob yn deud, 'Dwi'm yn gwybod os dwi'n mynd ta dŵad.'

'Mynd wyt ti,' medd Dafs. ''Roedd Gwen yn deud pan ti'n dwad ma dy wep di fel bod chdi'n cael strôc ac yn trio chwibanu ar sgiw.'

Aeth JR, Bob a Sam i'r Talbot, a tra'n sefyll wrth y bar sylwodd JR fod y boi oedd wedi sylwi arnynt o'r blaen wedi eu clocio. Sibrydodd wrth Bob a Sam, 'Daliwch arni, fe ffonith o y gweddill ohonyn nhw toc.'

Mewn llai na pum munud roedd y boi ar y ffôn. Symudodd JR i'r lle chwech i ffonio'r hogia a sleifiodd Sam fel cysgod angau trwy'r drws cefn i weld be oedd be am ffordd allan.

Cyrhaeddodd dau o'r Ffernols mewn wasgodau *hi-viz* yn cymryd arnynt eu bod yn weithwyr ar eu ffordd adra. Daeth tri o'r Fall i mewn a chyn i neb gael cyfle i wneud dim roedd Sam wedi rhoi cyllath Stanley yng ngwep y sylwr. 'Stitch that, cunt!' meddai, ac allan trw'r drws.

Roedd gwaed ym mhobman, a phobol yn gweiddi a brywela. Rhuthrodd Bob a JR a'r Ffernols am hogia'r Fall a'u taflyd i'r llawr. Bu dyrnu a chicio, sŵn fel Trawsfynydd yn chwythu i fyny, ac mewn llai na hanner munud roedd y cyfan drosodd. Chwalodd yr hogia am adra a bu trafod y noson trwy'r wythnos.

Mi oedd Sam yn swpar star gan Y Ffernols, ond roedd

Sam a Bob yn gwybod mai rownd wan oedd hi. Gwelwyd y sylwr mewn rhyw wythnos yn Llangollen â chraith fel lloer yn pylu ar ei rudd.

'Ti'm yn gweld cwffio fel sex?' pendronodd Efs. 'Lot o baratoi ac yna drosodd mewn eiliad.'

'Siarada am chdi dy hun cont,' oedd sylw rhywun o gefn y fan, a chwarddodd pawb.

'Mae rownd tw ar ei ffordd hogia,' rhybuddiodd Bob, 'a fuasa'n well gen i chwara yn cae ni tro ma.'

12

Darganfuwyd lle roedd llywydd y Fall yn byw a bu gwylio ar ei loches a'i symudiadau am rai dyddiau. Fe brynwyd pren silff pen tân o'r cyffiniau fel alibi oddi ar ebay. Codwyd o i fyny ar amser penodol ac aethpwyd i dŷ llywydd y Fall. Tynnodd JR y pentan allan ac yna cnocio'r drws.

Daeth y lwmp mawr 'ma i'r drws a dyna JR yn deud 'delivery' a bod angen help llaw i'w gael i'r tŷ. Daeth y lwmp at y fan a'r peth nesa roedd yn y cefn yn cael ei hiro yn iawn. Taflodd JR y pentan ar ei ben ac i ffwrdd â nhw, â'r lwmp yn y cefn yn cysgu hefo tâp chwadan ar ei geg a'i ddwylo a'i draed.

Aethpwyd i'r clwb a golchi tu mewn y fan a'r pentan gyda *bleach*, a chafodd y lwmp ei symud i fan Rip. Lawr am cei bach tua thri yn y bora a thaflu'r lwmp i'r gwch rwyfo. Doedd gweld fan Rip ar lan y môr ar yr amser yma ddim yn beth diarth.

Gleuodd Rip am ei waith ac aeth Sam a Bob yn y cwch a rhwyfo am ryw filltir reit dda cyn i gwch sgota ddod heibio a'u codi. Arhosodd y capten yn y whilhows allan o'r ffordd a throi trwyn y cwch am y môr mawr. Wedi tynnu llinell o Fraich y Pwll i Geredigion ac yna mynd deng milltir ymhellach dyma'r capten yn curo ar y ffenast a rhoi bawd i fyny. Llithrodd Sam y gyllall trwy wddw'r lwmp tra tynnodd Bob y tâp. Golchwyd bwrdd y cwch a gwllwn y lwmp i locar

Dafydd Jos heb frys na braw. Siaradodd neb, na hyd yn oed edrych ar ei gilydd, mond cadw llygad ar y whilhows i wneud yn sicir nad oedd neb yn sbecian.

Trowyd y cwch am adra a dyna bysgota gyda *long line* ar y ffordd. Mi oedd dipyn yn ryff allan o gysgod y lan a theimlai Bob braidd yn wael.

'Sbia ar y gorwel,' oedd cyngor Sam.

'Mi ydwi, ond ma'n mynd i fyny ac i lawr,' gafodd yn ateb. Bu Bob yn llyncu ei boer am dipyn a gwneud sŵn cyfogi.

'Stopia weiddi ar Ralph,' meddai Sam dan wenu. Daliwyd nifer o fecryll a'u rhoi i'r capten fel abwyd. Cafodd amlen a mil o bunna hefyd.

Mewn diwrnod ne ddau byddai rhai o'r hogia'n gorfod mynd yn ôl i'r Trallwng a holi yn y tai tafarnau os oedd Jake (y Lwmp) wedi dod yn ôl o Iwerddon. Na, doedd neb wedi ei weld. Ac felly y bu, un o'r hogia'n gofyn ryw unwaith yr wythnos yma a thraw fel bod y syniad wedi suddo i ben pawb.

'Ddoith ei gorff i'r lan yn Aberaeron mewn rhyw ddau fis, yn union 'fath â fasa fo 'di neidio o'r fferi,' meddai Bob wrth Sam. Wyddai neb arall be ddigwyddodd ac felly roedd hi i fod. Fel arfer, i gadw cyfrinach rhwng tri rhaid lladd dau, ond oedd y ddau yma yn dewach na gwaed.

13

Roedd diwrnod y Sioe wedi cyrraedd, a Dafydd yn gyrru fan yn gefn y confoi rhag ofn i rywun dorri i lawr. Mi oedd pawb ar gael am fod yr hogia wedi bwcio dyddia ffwrdd ymlaen llaw, a hwn oedd uchafbwynt y flwyddyn.

Dywedwyd wrth Dafydd am fynd o amgylch Builth ar ôl cyrraedd a dysgu'r strydoedd fel ei fod yn gwybod am ei ffordd allan mewn argyfwng. Parciwyd y beiciau ac aeth tri o'r hogia i fewn i'r sioe gyda thocynnau aelodau blynyddol. Wedyn un yn cerddad allan hefo tri tocyn a dod â dau hogyn arall i mewn. Arhosodd y gweddill gyda'r beics. Ymhen cwta awr roedd hi wedi bwrw 'eira' yn Builth.

Roedd Bob wedi cael peint yn y Stockmans. 'Roedd hi fel cerddad i bub yn dre, cymaint o locals yna,' meddai.

A hithau'n tynnu am dri o'r gloch rhaid oedd hel am fwyd a dyna gael sbred mewn caffi yn y stryd fawr. Rhoddodd Bob ddau gant i'r ddynas. 'Keep the change and remember our name.' Mi oedd hi wedi gwirioni cael ugain punt o dip. Ond roedd Tom yn edrach fel bod ganddo ddannodd, a Sam ar binna.

'Be sy?' sibrydodd Bob yn eu clust.

'Sgin ti *Insurance*? *I see trouble ahead*,' meddai Tom. 'Rhai o Gyrchlu y Cymoedd yn nelu.'

'Deud wrth bawb, fewn yn galad,' siarsiodd Bob.

Llusgodd yr hogia draw i'r Lamb am beint. Roedd yr

hogia'n nabod un neu ddau oedd yno. Ar ôl rhyw hanner awr dyna fechgyn y Cymoedd yn dod i fewn. Tu ôl i'r pedwar cyntaf ddaeth i mewn, roedd y gweddill yn edrych i lawr; dim ffydd.

'Ma'i yn y bag,' meddai Kit, a rhoi taran i un tan oedd o drwy'r ffenast. Pawb i fewn a Tom yn torri tu ôl eu coesa hefo cyllath fel eu bod yn methu sefyll na rhedag i ffwrdd. Bang! Dyna Kit wedi sodro un arall. Oedd o 'di trawo hwn mor galed fel bod nain y creadur wedi neidio yn ei bedd. Bwm! Un arall yn cysgu.

Dyna Bob yn gweiddi, 'Slymberland ddyla dy nicnem di fod, Kit!'

Chwarddodd hwnnw a dal i daflu'r dyrnau mawr 'na allan. Y gyfrinach mewn cwffio tŷ tafarn ydi atal neb afael ynoch, strancio fel mul a pledu dyrna, anelu am y trwyn a'r llwnc. Un glec yn y trwyn, llygid yn dyfrio felly gweld dim, clec i'r llwnc, i lawr yn syth dan wneud sŵn diawledig. Defnyddio rwbath ddaw i law, pot peint, cadair . . . rwbath.

Ar un adeg roedd yr hogia'n cael eu trechu, tan waeddodd Bob 'GOGS!' a dyna hogia'r gogledd i gyd i fewn. Ia, ffermwyr o'r gogledd. Gogs gynta wedyn Cymru.

Roedd pob dim drosodd mewn pum munud a phan aethant allan mi oedd y dyn aeth trwy'r ffenast ar lawr yn ceisio darganfod ei draed. Cododd un o'r hogia ddarn o ffrâm y ffenast a'i golbio yn ddidrugaredd tan oedd o'n ddim ond blot o waed. 'Paid â ffwcian hefo ni!' sgyrnygodd.

Yng nghanol hyn i gyd roedd Dafydd wedi'i gleuo hi am y fan, ac wedi cyrraedd fel tacsi. Neidiodd pawb i mewn ond Kit. Fel roedd yr hogia'n llenwi'r fan daeth tua hanner cant o sipsiwn lleol heibio. Maen nhw'n cerdded drwy Builth bob Sioe i ddangos eu nerth.

'Come on, fuckin Rosie Lee, I'll have the fuckin lot of you!' gwaeddodd Kit, gan guro'i frest a gwenu. Symudodd ddim un ohonynt i'w gyfeiriad.

'You saw the beating in a crystal ball!' meddai, a chwarddodd yn uchel.

'Anela hi am y beics,' meddai Sam wrth Dafydd. Tra roeddent yn y fan fe wnaethpwyd ymchwil i edrach os oedd pawb yn ffit i reidio. Pawb yn ok, felly helmets on a'r lliwia dros y dillad lledar ac am adra. Ar y wib roedd rhain yn reidio mi oeddant yn y clwb mewn dwy awr a darn.

Hoffai Bob reidio, doedd dim ar dy feddwl pan oeddat yn reidio . . . ond reidio. Fyny â nhw o Builth, drwy Rhaeadr, Comins Coch, Aberangell – diawl, gwlad fendigedig – ac am Mallwyd a fyny'r Mawddwy. Taerai Bob fod ei feic yn rhoi ochenaid ar y brig bob tro. Lawr at y Llwynog Blin ac yna Ganllwyd. Stop yma am bisiad a smôc sydyn. Ei hagor ar hyd gwastadedd Traws. 'Trawsfynydd, tros ei feini fe glywir Harleys 'leni,' meddyliodd Bob dan wenu iddo'i hun. Mi oedd y hogia yn ôl yn y Dunoding. Daeth y genod yno i nyrsio a chafwyd noson ddiddan yng nghwmni ei gilydd a Dafydd wedi plesio'n ddi-ben-draw am ei fod yn defnyddio'i ben.

14

Diflannodd yr haf yn sydyn. Prynwyd llwyth i fewn am fod gŵyl y banc a'r 'Steddfod i ddŵad. Ia, 'Steddfod – ma nhw'n gwneud *coke* ym mhob darn o fywyd, ac wedi cyflenwi pob ardal roedd yn amser meddwl am yr Ŵyl. Draw ym Meifod oedd hi eleni, felly roedd rhaid aros noson.

Mi oedd Dafydd Bach wedi bod yn stwna o gwmpas yr hogia ers rhyw unarddeg mis erbyn hyn a dyma siawns iddo ddangos ei fod o ddifrif ynglŷn ag ymuno â'r clwb. Llogwyd fan ar gyfer y trip, a gyrrwyd Dafydd i lawr ar y bore Llun i osod y pebyll i fyny mewn fferm tua deg milltir i ffwrdd o faes y 'Steddfod. Cyrhaeddodd yr hogia y fferm tua unarddeg, ac i ffwrdd â nhw yn y fan i'r maes.

'Costio llai i barcio un fan,' meddai Picasso.

'Iesu, ti'n sydyn,' meddai Sam, a chwarddodd pawb. Aeth yr hogia ar ddisberod ar ôl cael mynediad i'r maes. Aeth Bob a Sam a Dafydd Bach i eistedd tu allan i'r Babell Lên. Cyn hir a hwyr galwodd dau neu dri heibio a gwneud eu siopa. Pobol oedd yn prynu digon am wythnos oedd rhain. 'Wholesellars da ni, ddim siop gongol,' meddai Sam.

Heliwyd i dafarn leol y Royal Oak, Pontrobert am ginio ac yna gorfeddian, ymlacio a mwynhau'r cwrw. Allan o nunlla dyna Dafydd yn gofyn i Sam, 'Pwy di'r Len 'ma? Welist ti o? Welais i mo'no fo a fûm i o flaen ei babell trwy'r bora.'

Aethpwyd ag un llwyth yn ôl i'r pebyll tua naw ac roedd

ordors i bawb fod Dafydd yn codi'r llwyth dwytha am unarddeg. Mi aeth Dafydd i'w nôl nhw, ac fe ddaeth pawb ond Gordd. Mi oedd rhyw eneth 'di tynnu ei sylw ac roedd o'n benderfynol ei fod o am ei sodro. Ceisiodd Dafydd bob tric yn y llyfr i'w gael i'r fan ond doedd dim yn tycio.

'Wel, dwi 'di trio trwy deg,' meddai Dafydd. Aeth at Gordd, a oedd yn eistedd ar stôl uchel yng nghongol y bar. 'Faint o dal wyt ti, Gordd?' holodd. Dyna Gordd yn llithro oddi ar y stôl i ddangos ei daldra, a . . . BANG! roedd Dafydd wedi ypercytio Gordd, *clean out*, a lawr â fo dros ysgwydd Dafydd.

Cododd Dafydd o a chyhoeddi dros y dafarn, 'Good evening, gentlemen, it was HIS pleasure,' ac allan â fo am y fan a phawb yn eu dyblau yn chwerthin. Ffwrdd â nhw am y fferm lle cafodd Dafydd ganmoliaeth mawr am beidio gadael neb ar ôl. Doedd Gordd ddim yn hapus: roedd rhaid iddo straffaglu gyda'i fwyd am wythnos.

'Nes ti fwynhau 'steddfod, Dafs?' holodd JR.

Meddyliodd Dafydd am eiliad. 'Dafs' – dwi di plesio!'.

'Dipyn bach yn siomedig, disgwyl gweld yr archdderwydd yn aberthu rwbath a'r merchaid cobanau gwyrdd yn hanner noeth ac off eu penna ar y reu!' meddai dan wenu.

'Mi fysat yn dychryn be ma nhw'n wneud ar ôl i bawb fynd adra!' meddai JR.

15

Roedd busnas y Fall yn troi ym mhen Bob ac roedd rhaid dŵad â'r helynt i ddiweddglo. 'Na'n ni gyfarfod hefo nhw,' meddai.

Gyrrwyd cennad gyda negas fod angen cyfarfod mewn lle niwtral. Cynigiodd y Fall leoliad addas a gwrthodwyd, a gwrthododd y Fall gynnig cynta'r hogia. Penderfynwyd yn diwadd i gwarfod yn y Tarw Du, Bala am saith o'r gloch ar nos Wenar.

Mi oedd yr hogia'n gwybod y byddai'r Fall yn stagio'r dafarn, ac roeddent wedi bod yn eu gwylio ers noson neu ddwy. Yn gefn y Tarw roedd fan wen yn sefyll yno ers misoedd. Aeth dau o'r Meheryn i'r fan tua hanner awr wedi pump a chuddiad. Y *stand by's* oedd rhein, rhag ofn twrw. Ar hanner awr wedi chwech aeth Bob a Sam i'r Tarw ac eistedd i lawr gyda sudd oren. Pen clir dyrnau chwim.

Cyrhaeddodd tua deg o'r Fall ar Harleys mawr, parcio o flaen y Tarw a mynd i mewn. Symudodd y locals drwadd i'r bar arall, wedi eu rhybuddio 'lasa 'na fod *fireworks*. Fe godon' beint a daeth un drosodd a gofyn, 'Only two of you?'

'One too many,' atebodd Sam.

Steddodd y pen dyn i lawr a dechra malu awyr am hyn a llall ac yna dyna fo'n dechra'i deud hi wrth Bob a Sam mai fel hyn a fel arall oedd hi i fod.

'Listen Tonto, and listen well,' meddai Bob. 'Stay east of

the border; that's all you got to do and you'll live to a ripe old age.' Cododd, a rhoi nod i Sam. Winciodd Sam yn ôl.

'Come outside and I'll show you something,' meddai Bob. Cododd y pen dyn yn ara a chasglu ei ddynion o'i gwmpas a cherdded allan yn araf. Tu allan roedd y Meheryn, Clwb Bob, wedi gwthio'u beics ar draws y lôn o'r garej, ac yna dyna sŵn t'rana: y Gwylliaid yn cyrraedd o ochor castell Tomen, y Ffernols o'r Druids a Chŵn Annwn o ochor Dolgellau. Pawb yn gwisgo *patch* y Meheryn ar eu cefna a rocar o'u clwb nhw o dan y fraich dde. Hanner cant o feicars Cymraeg; doedd neb wedi gweld ffasiwn beth, pob un yn Gymro pur.

Dywedodd y pen dyn fod rhaid iddo fynd yn ôl i'r pencadlys cyn gaddo dim. Ac meddai Bob, 'I ain't brought the lads from the north yet, so think on, truce or die.'

Ia meddai pawb, a rev i'r beics.

Pasiwyd fod pawb am ddod i'r clwb. Mi oedd digon o le i gysgu pawb yn y dorm. Ffoniwyd Gwen a heliodd hi y genod at ei gilydd i danio'r BBQ.

'Dyma chi, hogia oes y cerrig,' meddai Gwen wrth y Meheryn ar ôl iddyn nhw gyrraedd. 'Chi piau'r cig a'r tân. Fel'na oedd hi'n oes yr arth a'r blaidd.'

Sôn am fwg a rhostio. Ac wrth gwrs, nid anghofiwyd y ddau oedd yn y fan wen yn gefn y Tarw. Bu yfad reit hegar: cania, fodca a JD oedd ar gael yn y clwb. Punt y pop oedd y deud a phan gyfrodd Efs y til yn y bore roedd tua £1400 ynddo.

16

Cafwyd cyfarfod o'r llywyddion a'r sarjants a gan fod Bob yn y gadair, fo ddechreuodd y cyfarfod.

'Wel hogia, dan ni wedi ymuno yn un clwb mawr Cymreig, ac am fod y Meheryn ar y rocar top mi ydan am roi £3000 i bob clwb a darn o'r busnas Eira. Na'n ni ddangos ichi sut dan ni'n gwneud pob peth ac fe eith Kit a fi allan am bum munud i chi gael trafod.'

Allan â'r ddau, a dod yn ôl mewn pump. Mi oedd pawb yn hoffi'r syniad.

'Mi ddo'i rownd pob clwb wythnos nesa a dangos ichi sut da ni'n gwneud. Ma'i fyny i chi wedyn, ond unrhyw fradwr . . . gwd bei Wales fydd hi.'

Gadawodd yr hogia y clwb i gyd erbyn deuddag, rhai yn griddfan hefo cur yn pen ac ati. Heliodd y Meheryn at ei gilydd am gyfarfod pwysig dros ben. Trin a thrafod yr Eira oedd ar law.

Dechreuodd Bob. 'Mi oeddan ni'n prynu i fewn am £45mil y kilo; 5kilo y mis am 6 mis yn . . . ?'

'£1,350,000,' meddai Efs. 'Wedi ei dorri gwerthwyd 40kilo. Y rhan fwyaf yn ownsys am £1500 yr un x 36 owns mewn k x 40 . . .'

'Tyd 'laen Efs y calciwletor,' meddai Bob, a phawb yn chwerthin wrth i Efs smalio cyfrif ar ei fysadd.

'£2,160,000 – elw o £810,000. Mi fyddan ni'n sortio'r pres

wythnos nesa a dim prynu 4x4 a lol.'

Roedd angen gwneud yr acownts yn y dyddia nesa ac felly aeth Bob at Efs un gyda'r nos i sortio pob dim. Un busnas ar un waith oedd y ffordd. Yng nghaffi Bob, rhoddwyd £5,000 yn y til, a'r un fath yn y siopau llyfra a *tattoos*. Talwyd rhenti'r fflats a rhent garej Ffi. Roedd hyn i gyd, a'r pres a roddwyd i'r clybia, tua £43mil. Rhoddwyd £11,500 yn y clwb, sef cyfanswm £20 yr wythnos o dâl aelodaeth gan bob aelod. Roedd yna ryw £660mil ar ôl a rhannwyd hynny rhwng 11 aelod.

Fe basiwyd i roi'r gorau i werthu am y gaeaf a rhoi'r busnas i'r clybia eraill, ond ddim pob cwsmar, er mwyn gweld a oeddan nhw'n ddigon hir eu penna. Dyma'r ffordd ymlaen: tair adran newydd o'r Meheryn i gyflenwi yr ardal a rhoi 25% o'r elw i'r Meheryn gan rannu'r gweddill.

Cafwyd cyfarfod, neu 'gapal' fel fasa rhai yn ei alw, ar y nos Fercher a thrafod pwy oedd am wneud be, a be oeddan nhw am ei roi i'r clybia. Ar y nos Iau aeth Bob i weld y Ffernols a rhoi rhestr iddynt o gwsmeriaid a deud y basa'n cyfarfod y cwsmar hefo nhw. Aeth i weld pob clwb ac roedd pawb yn hapus wedi clywed manylion faint o arian roedd yn bosib ei wneud. Fe ddangoswyd sut i guddio arian a dweud wrthynt am beidio bod yn rhy farus a thalu treth ar rywfaint o'r elw.

'Gwyliwch ar ôl y cwsmar a peidio'i sgamio, ac fe ddoith yn ôl drachefn,' meddai Bob.

17

Fe ddaeth gŵyl banc diwedd Awst a throsglwyddwyd y busnas i'r clybia bach. Mi oedd helynt y Fall yn dal i droi ym mhen Bob a chafodd sgwrs hir gyda Sam un noson am y traffarth.

Darganfod lle roedd y diawliad yn byw oedd y dasg gyntaf, a gwnaethpwyd hynny drwy barcio ar hyd y stryd yn nghyffinia'u clwb ar nos Fercher pan oedd ganddynt bwyllgor: un yn nodi rhif car neu feic ac yna'n gyrru negas ar radio dwyffordd i'r modur yn dweud i ba gyfeiriad roedd y targed yn trafaelio, yna ei ddilyn adra a nodi lle roedd yn byw. Gwnaethpwyd hyn ar ddwy nos Fercher i wneud yn saff eu bod nhw wedi dal pawb.

'Dwi bron â cysgu,' meddai Aled, un o'r Ffernols, wrth Gwyn a oedd yn gyrru. 'Diawl, ti'n mynd yn foel.'

'Na'dw, y bastad powld,' atebodd Gwyn. 'Oedd Peter Pinc wedi mynd at y meddyg am 'i fod o'n moeli. Rhwbia ddigon o fasalîn ar dy ben gafodd o, a phan nath o ddeud hynny wrth ei bardnar Tric (neu, i bobol normal, Cledwyn Codi Crys), dyna Tric yn deud na clwydda oedd y meddyg wedi ei ddeud. 'Tasa fo'n wir sa gen ti bonytail yn dy din'.'

Craclodd y radio a dyna'r ddau yn gafael yn'i a dilyn y car gan gymryd nodyn o'i gyfeiriad am fod yn rhaid bod yno erbyn saith y bora i'w ddilyn i'w waith

'Arhosan ni mewn Travelodge heno i sbario codi cyn cŵn

Caer fory,' medda Aled.

'Iawn, ond mi lladda i di os ti'n chwyrnu,' gafodd yn ateb.

Pan gyrhaeddwyd y gwesty daeth Gwyn â handlan jac gyda fo i'r ystafell. Aeth y ddau i'w gwlâu ac mewn deng munud roedd Aled yn chwyrnu. Pwniodd Gwyn o nes ei fod ar ei ochor, ac yna gosod yr handlan jac yn y gwely fel y byddai'n methu cysgu ar ei gefn. Cafodd noson reit ddistaw.

Fe ddewiswyd dydd i roi'r cynllun ar dro.

Yr ail Sadwrn o Fedi oedd hi ac roedd yr hogia wedi hel y genod am Lerpwl i siopio gyda lwmp helaeth o arian. Ffordd o ddiolch am y ffidio ac ati oedd hyn. Yr un diwrnod mi oedd petha ar dro. Roedd yr hogia ar eu ffordd i Groesoswallt mewn fania.

'Bychan 'cw di cael row gen ei daid am regi,' meddai Efs.

'Be nath o?' holodd JR.

'Duw, gofyn i taid os oedd ganddo fo fedals. 'Oes,' medda taid, 'ma nhw yn yr atic.'

"Be arall sy ganddoch chi taid?' medda'r bychan, a taid yn deud, 'Ma na hen got army ar y tanc.' – 'Ffwcin hel taid sgenno chi danc hefyd?!"

Bu chwerthin mawr ac mi setlodd nerfau pawb.

18

Roedd sbotar o flaen cartref pob un o'r Fall.

Am naw o'r gloch roedd faniau wedi parcio o flaen tai aelodau'r Fall yng Nghroesoswallt, pob un yn cynnwys hyd at chwech o ddynion yn gwisgo het galed a gwasgod waith. Aeth arweinydd pob tîm at bob drws a churo a phan atebwyd y drws dywedodd fod nwy yn gollwng yn y stryd a bod angen cael pawb allan.

Pan ddeuai aelod o'r Fall i'r golwg câi wn yn ei gefn, ei daflu i'r fan ac awê o'no. Mi oedd angen rhoi bangar hegar i ambell un i ddangos bod yr hogia o ddifrif.

Roedd y pen dyn yn byw yn Woodside a gwnaethpwyd yr un peth iddo fynta yn fanno.

'Wait till my boys find out! You'll all be dead!' gwaeddodd yn guchiog. Aethpwyd ag o i ffarm gyfagos a dyna Bob yn ei dynnu allan o'r fan a gofyn iddo os oedd o am gadw i'r dwyrain o glawdd Offa. Mi oedd y *chap* yn dal i frefu y buasa ei hogia yn colbio'r Meheryn yn ddidrugaredd.

'Who, these fuckers?' meddai Bob gan glapio'i ddwylo, a dyna'r hogia'n llusgo'r carcharorion allan. Rhowyd nhw yn un rhes ar eu penna glinia â mwgwd dros eu penna. Tapiwyd un yng nghanol y rhes a gofyn iddo be oedd ei enw.

'Jeff,' atebodd hwnnw, â chryndod yn ei lais.

Estynnodd Bob ddryll 9mm o'i boced a deud 'Goodbye, Jeff,' a thanio. Taflwyd ef ymlaen gan Kit a gorchuddio'i geg.

Gwn blancs oedd hwn. 'Saethwyd' dau arall cyn i'r top man ddechra gwneud sŵn crio. Dim ond clywed beth oedd yn mynd ymlaen oedd o, gan fod mwgwd ar ei ben i ddychryn mwy arno. Tyngodd ar ei lw na fuasai neb yn busnesu hefo'r Meheryn byth eto.

Sibrydodd JR yn glust Bob, 'Pam nei di'm deud wrtho am hanes y 'Lwmp'?'

'Na,' meddai Bob, 'ne fydd pawb yn gwybod pwy 'nath.'

'If anybody does, you will die. Even if it's your enemy interfering in our business, I'll think you're in with them,' meddai wedyn wrth y Sais.

Gadawodd y Meheryn wrth eu pwysau gan adael y Fall yn dal ar eu glinia. Ymhen rhyw awr, a phawb ond Bob, Sam a Kit wedi gadael, dywedwyd wrth y Fall bod y tri olaf yn mynd. Cymerodd dri chwarter awr i un o'r Fall ddod yn rhydd ac agor rhwymau'r lleill i gyd. Sôn am ddamio a beio ei gilydd am eu bod wedi cael eu carcharu mor rhwydd.

19

Tua diwedd mis Hydref daeth i'r golwg fod un o hogia Cŵn Annwn wedi cael cweir reit hegar yn y Trallwng ryw gyda'r nos. Ffoniodd Bob y Fall o ryw ffônbocs a deud y drefn. 'You've broken your word by beating on one of our boys! Your word should be your bond!' meddai.

'Who the fuck d'you think you are, fuckin sheepshagger? Piss off, go to them thar hills,' atebodd y boi, braidd yn guchiog. Mi oedd hyn fel baner goch i darw, ond doedd y tarw yma ddim am ruthro, dim ond cymryd ei amser cyn gwneud symudiad.

'Gad betha i mi,' meddai Sam.

'Iawn,' meddai Bob, a dyna fu.

Bythefnos i fewn i fis Rhagfyr, pennawd y *Shropshire Star* oedd 'Man burnt to death in garden shed'. Mi oedd Sam wedi dal y pennaeth ac wedi rhoi ei goc mewn feis, tynnu handlan y feis, gadael *hacksaw* iddo a boddi'r cwt garddio mewn petrol, cyn ei danio a cherdded o'no. Un o ddulliau Iwerddon oedd hyn ac roedd Sam yn un o hogia Henffordd oedd wedi byw yn galed, gwylio ffermdy am ddyddia, byw mewn clawdd, cachu i gwd plastig rhag ofn cael ei ddarganfod a chroesi caeau cyn i'r gwlith gyrraedd; bywyd digon tywyll.

20

Mi oedd 'Dolig ar y trothwy ac roedd yna wastad barti da yn y clwb. Byddai Siôn Corn yn cyrraedd at y tri gydag anrheg gwerth oddeutu £50 yr un i'r plantos. Os oedd yna blant eraill o deulu oedd mewn anhawster byddai anrheg iddynt hwythau hefyd. Plant adra at y chwech 'ma ac yna ymlacio gyda'r merchaid. Hel rheini am adra at yr wyth gan fod busnas clwb i'w drin.

Oedd, mi oedd 'na ogla Reu yn y clwb ac ambell un yn snwyro powdwr gwyn – rheol y powdwr oedd bod rhaid mynd i'r ystafell fach benodol i'w wneud a ddim yng ngŵydd pawb, gan nad oedd yr aelodau'n siŵr o bawb oedd yn troi fyny i bartïo. Mi oedd rhai o fechgyn y clybia erill wedi troi i fyny ac roedd y cwrw am ddim.

Tua deg o'r gloch daeth dwy fodan siapus i'r clwb a dechra 'mrengian ar y polion dawnsio. Yn ystod hyn heliodd y Meheryn yn docyn at ei gilydd, cyn atal pob dim a gweiddi ar Dafs.

'Be ti'n gadael yr hŵrs ma i fewn?' gwaeddodd Kit, a gafael yn ei war. Bu bron i Dafs gachu'i hun cyn i Bob roi gwasgod leder iddo â bathodyn y clwb arni.

'Croeso i'r gorlan! Ti di bod yn y giât am flwyddyn dda!' meddai Bob. Hwrê fawr dros y clwb, miwsic ymlaen, y genod yn dawnsio a Dafs yn ysgwyd ei din tu ôl i un ohonynt fel petai o'n ceisio tanio car gyda handlan henffasiwn.

Yn y bore deffrodd Dafs yn hanner noeth ar un o'r *settees* oedd yn y clwb. Ar y naill ochor a'r llall iddo roedd y ddwy fodan fu'n dawnsio, un heb gerpyn amdani a'r llall heb ddim ond *panties*.

'Cum on big boy,' meddai un. 'Let's do it again!'

'I'm all cummed out,' ochneidiodd Dafs. 'You two better fuck off before the top man arrives. There's a shower over there.'

Aeth y ddwy i'r gawod a thynnu Dafs i mewn gyda nhw. Dechreuodd y ddwy gusanu ei gilydd a chyn iti ddeud Aberystwyth roedd Dafs yn stido un o'r tu ôl a bang, dyna'r cwbwl drosodd.

'What about me?' cwynodd y llall.

'Next time, babe,' meddai Dafs yn goc i gyd.

Cafodd Dafs £15000 gan Bob i nôl beic iawn: Harley Davidson. Yr unig amod oedd fod rhaid cofrestru'r beic, a chael derbynneb, yn enw'r clwb. Aeth Sam â fo am Gaer i brynu un gyda char a threlar cario motobeics. Nid pob clwb beics sy'n hael fel hyn, ond roedd yn ffordd o'i gadw yn driw. Sicrhau ffordd o fyw braf am ychydig o fuddsoddiad.

21

Roedd pob dim yn rhedeg yn reit esmwyth ac roedd hi'n dechrau hel at y Pasg. Roedd Bob yn prysur drefnu'r eira a sut i'w gael i lawr i'r ardal heb lawer o drafferth. Roedd Jip wedi cael gwaith dreifio i gwmni lleol oedd yn gwerthu bwyd i ysgolion, a nwyddau wedi'u rhewi, drwy y Gogledd. Ar ôl rhyw bythefnos roedd wedi cael gafael ar y dalgylch i fyny am y Wirral.

Ac felly roedd taith yr eira wedi ei phlanio. Wrth ddanfon i siop neilltuol byddai rhywun yno i dderbyn taliad a byddai Jip yn gosod y nwyddau yng nghefn y lori a'u danfon yn ôl i Gymru fach. Roedd y penodau, sef y clybiau oedd wedi ymuno, wedi bod yn gweithio'n galed i gael cwsmeriaid newydd mewn trefydd newydd: i lawr yr A5 o bont Borth i'r ffin, trwy Pesda, Corwen a Llangollen, ac o Port i Landudno trwy Blaena, Betws a Llanrwst. Wedi bod wrthi yn gwerthu trwy'r gaeaf mi oedd yna amcangyfrif go lew am be oedd i ddod.

Mi ddoth diwrnod y sbin fawr, 'sbin piso'n congla'. Roedd yna dipyn o waith cael pob dim yn ei le a chael yr amseroedd yn iawn. Roedd hon yn sbin fwy i ddangos nerth na phiso'n y congla. Cychwynnwyd am hanner wedi naw ac i Drecastell yn ddwsin tyn, o amgylch y dref ddwy waith, ychydig o sioe ac wedyn am yr A5. Ymunodd y Ffernols yn Lôn Isa a chymryd y blaen trwy Pesda. Tra oedd hyn yn mynd ymlaen roedd y Gwylliaid yn trafaelio o Fawddwy trwy Bala ac am

Betws, a Chŵn Annwn o gyffiniau Corris heibio i Traws a thrwy Blaenau am Betws.

Cyrhaeddodd pawb Betws mewn amser da ac ymgynnull yn y maes parcio. Roedd llawer o ysgwyd llaw a chwerthin, tynnu coes ac edrych ar feics ei gilydd. Cafodd Bob afael ar y pen dynion a rhoi ar ddallt bod rhaid bod ar eu gorau wrth symud ymlaen o Betws. Ailadroddwyd y planiau, ac am fod rhyw hanner dwsin o ŵyn llywath *hangabout* wedi dod rhowyd hwy yng nghefn y fintai a Sam a Gordd ar y tin.

Chwibanodd JR a phan oedd pawb yn edrych i'w gyfeiriad tapiodd ei ben ddwywaith dair a dal ei law allan i ddynodi pum munud cyn cychwyn. Pawb yn sglefrianu am eu beics a gwisgo'u helmets, menig a sbectol haul. Ambell un yn gwneud yn siŵr fod ei *leggings* yn cuddio'r nymbar plêt: darn bach o felcro wedi ei lynu ar y plât ac yna gwneud yn siŵr fod y felcro ar goes y *leggings* yn bachu.

JR yn tanio, a phawb yn ei ddilyn fesul un. Diawl o sŵn, dros hanner cant o feics. Ffwrdd â nhw fesul dau yn araf i gael pawb gyda'i gilydd. Caewyd yr A5 gan un o'r hogia fel bod pawb ar y lôn bost gyda'i gilydd. Troi am Lanrwst ac yna am y Gath Ddu. Aros am betrol ac yna ffwrdd â nhw.

Roedd JR wedi arafu pob dim i lawr fel bod yr hogia'n trawo'r A55 yn un lwmp. Gwelodd y ceir be oedd yn digwydd a thynnu allan i'r lôn wyllt. Sam yn gyrru negas fod pawb ar y lôn a dyna JR yn symud i'r lôn gyflym. Llenwyd y ddwy lôn nes cyrraedd cyffordd Hen Golwyn, lle tynnwyd i ffwrdd o'r A55 a'i chychwyn hi drwy ganol y Bae. Gwyddai'r hen benna y buasai'r Herwyr yn gwybod eu bod ar eu tir nhw, ond doedd dim peryg gan nad oedden nhw am ddangos eu hunain. Roedd y sŵn yn diasbedain drwy'r stryd.

'Ma nhw'n gwybod bod ni yma rŵan,' meddai Bob wrtho'i hun. 'Mi fydd 'na helynt ŵan, ond twll eu tina nhw, maen nhw wedi cael llonydd ddigon hir'.

22

Trwy'r Bae ac yna yn ôl i'r A55, draw am Aber a Pesda. Sôn am sŵn wrth fynd o dan afon Conwy; ceir yn sgrialu i'r lôn araf a JR yn codi wib i 70 mya. Dwy lôn yn llawn beics, golygfa fendigedig i feicar ond un oedd yn codi arswyd ar y cyhoedd. Rhai o'r hogia'n codi llaw ar blant mewn ceir wrth eu pasio, a'r plantos yn gwirioni; y tadau'n deud wrth y mamau am beidio sbio a thynnu sylw. Torri o'r 55 i lôn bost yr A5 ac i nôl petrol, yna am Pesda, troi i fyny dros ffordd i'r Capal Mawr a'i nelu hi am y Gerlan a'r Carneddau. Rhedag allan o darmac, a throi i'r hen waith dŵr.

Dyma gartra dros dro y Ffernols. Dyna pawb yn ymgynnull y tu mewn lle roedd sgram fendigedig. Y tu allan roedd dafad yn cwcio yn null Patagonia – mi oedd Idwal, llywydd y Ffernols, wedi bod yn *gaucho*, medda fo, pan oedd ar ei drafels. Mi oedd o'n rhy fawr i ffraeo hefo fo, ac roedd o wedi cymryd gofal o'r cwcio.

Bu dyfal yfad ac ymgymeryd o bob math o gyffur drwy'r nos, ac roedd llawer o *groupies*, neu genod hefo blwmar yn eu handbags, yn fflio o ddyn i ddyn. Aeth Cochyn o'r Gwylliaid allan am bisiad, ar draws y man parcio 'dat y clawdd. Roedd newydd dynnu'r 'fawr' allan a dechra piso pan afaelodd rhyw eneth ynddo a dechra ei hysgwyd.

'Be di dy enw?' holodd y ferch.

'Cochyn,' atebodd yntau.

'Am I spelling it right?' gofynnodd hi, gan ysgwyd y 'fawr' i bob cyfeiriad.

'You're a bit dyslexic,' meddai Cochyn, cyn codi ei ffrog a gwthio'r fawr i ddyfnderoedd ei stumog. Fe gymerodd ddau funud, a thynnodd y 'fawr' allan, yn dal i bwmpio ei had. Roedd o fel stalwyn cymdeithas, ei draed yn sglefrian a'i goesa di mynd yn wan i gyd, y llygaid yn powlio yn ei ben.

'Iesu gwyn, o'n i angen hynna,' meddai Cochyn gan wthio'r 'fawr' i'r stabal a'i baglu hi yn ôl i'r parti. Dim Cochyn oedd yr unig un.

'O'n i'n teimlo fel Paddington Bear pan rois i'n llaw yn ei phot marmaled hi,' meddai un o'r Gwylliaid am un o'r genod.

Ac meddai un o'r genod wrth Idwal, gan bwyntio at Cochyn: 'Ma'i goc o mor fawr rhaid iti alw hi'n chi!'

Erbyn tua thri y bore roedd pawb yn cysgu dros bob man yn y clwb, yn hannar noeth, a'r merched hefyd. Roedd fel edrych ar siop handbags hefo cymaint o gydau yn y golwg, ac ambell bâr ddim hyd'noed yn cofio enwau'i gilydd.

Erbyn saith y bore mi oedd yna ddechra symud. Daeth Vicky, hogan glên o'r pentra, a rhoi te a choffi ymlaen a dechra grilio cig moch. Erbyn naw o'r gloch roedd pawb wedi codi, molchi a bwyta.

'Diawl o le braf, a golygfa fendigedig,' meddai Sam wrth Bob, gan edrach i fyny at yr Ysgolion Duon.

''Sna nunlla gwell. Dwi wrth fy modd ar ben fy hun yn yr unigrwydd a'r haul a'r awyr iach yn Cwm Pen Llafar, lle nad oes lef, ond ambell fref a Duw a sŵn y dŵr.'

'Ffwcin el, ti di llyncu dicsionari!' ebychodd Sam.

23

'Ar yr hanner,' meddai Bob wrth JR.

Mi oedd rhai wedi clywed ac wedi deud wrth y gweddill, felly roedd pawb yn barod am JR. Pump ar hugian yn barod am y chwib a'r arwyddion. Dyna danio, a ffwrdd â nhw, lawr i'r pentra a throi i'r chwith lle roedd yr hen Rinws ac i fyny'r A5.

Chwalodd y Ffernols am eu cartrefi ac aeth y gweddill am Betws ac yna Dolwyddelan ac i gaffi Llyn yn Tanygrisiau am baned. Dyna Gordd yn deud ei hanes yr wythnos cynt yn prynu sgidia cowboi newydd.

'Be ti'n feddwl?' medda fi wrth Cath a 'nwy law allan i'r ochor. Gymerodd hi ddim sylw, so es i i'r llofft a dod lawr grisia yn noeth gorcyn blaw am y *boots*. 'Be ti'n feddwl?' medda fi eto. 'Diawl, oedd hi'n hongian ddoe a ma'i'n hongian heddiw a beryg fydd hi'n hongian fory hefyd,' meddai Cath. 'Sbio ar y mŵts i ti fod, de!' meddwn yn flin, a dyna Cath yn deud: 'Fasa'n well 'sa ti di prynu het!' '

Chwarddodd yr hogia a dyna chwib, a phawb yn hel ei dacla'n barod. Tanio ac yn ôl trwy Blaenau, Llan. Trodd hogia'r Gwylliaid a'r Cŵn am Drawsfynydd ac aeth y Meheryn i lawr yr allt goch. Roedd pawb yn ôl yn y clwb erbyn hanner wedi hanner. Llnau a thrwsio'r beics a thynnu coes. Ffi yn tincran hefo hyn a'r llall ac yn llenwi pawb gyda petrol o jar fawr 45 fel bod pawb yn barod i fynd ar alwad sydyn.

'Hei, Picasso, wsti y ddynas 'na oeddat ti'n cysgu hefo hi neithiwr, o'n i'n meddwl na big bale oedd hi!' meddai Rip. Chwarddodd pawb ond Picasso. 'Paid â dechra peintio llunia arni!' Mwy o chwerthin, ac felly y bu am rai oriau cyn i bawb gilio am adref.

'Mi fydd 'na shit wan,' meddai Bob wrth Sam.

'Dim problem, mi chwytha'i 'u ffwcin cannwyll nhw allan,' meddai Sam, â rhyw sglein od yn ei lygaid.

24

Fore dydd Llun aeth Bob am sbin ar ei ben ei hun: Tremadog, Pwllgoleulas, Bryncir, Pantglas ac yna troi i fewn i Ben'groes a galw ar hen gyfaill am baned.

'Duwcs, ti di bod yn peintio,' meddai Bob.

'Paid â bod yn ffwcin ddigwilydd, ti'n gwybod yn iawn 'na *nicotine hue* dio,' meddai Percy. Roedd Percy yn ffrind am ei fod o'n arddwr o fri. Ar un adeg fo oedd brenin y tyfwyr reu.

Wedi trin a thrafod a rhoi'r byd yn ei le cychwynnodd Bob ar weddill ei hynt, draw i Finger ac yna troi am Borthllyn. Agor gwddw yr hen Harley a'i dyrnu hi am y de. Codi wib mewn dim ond 'rafu yn adwy Dinas Dinlle 'cofn i ryw goc oen dynnu allan yn ddisymwth. Cant heibio Swan a 'rafu ddigon yn Pontllyfni rhag ofn fod Toni Bont yno (Armstrong Jones, *speed camera*). Ffordd yn glir, agor y *throttle* i'r diawl, heibio Beuno a iard Dic a Gyrn Goch. Fflio ar ben lôn Trefor ac yna dringo am byrth Penrhyn Llŷn. Heibio Ring Llanaelhaearn a theimlo'i fod o wedi cyrraedd ei gynefin. Heibio i goed Glasfryn a'r lli fawr yn gweiddi iaaawwwnn yn dod â gwên i'w wyneb, lawr trwy'r Ffôr ac yna awyr fawr yn agor o'i flaen wrth wllwn i lawr i'r dref. I'r chwith wrth y Llew Du ac am y Dunoding. Mi oedd reid fel yna yn clirio pen rhywun. Mae rhywun mor brysur yn reidio does ddim amser i feddwl am ddim arall ac mae'n bosib gweld goleuni ar unrhyw broblem.

25

Y cynllwyn gyda'r Herwyr oedd rhoi her ac edrach sut roeddent am ymateb. Mi oedd Bob wedi gweld llywydd clwb *sidepatch* i'r Herwyr yn anwybyddu pob cyfarwyddyd a gafodd a doedd dim yn digwydd. Oedd, roedd ganddo tua chant a hanner o aelodau, ond fel y dywedai Sam, 'Gall hanner cant o nytars Cymraeg golbio rhywun, eni de'.

Fu dim siw na miw am tua pythefnos, ond un diwrnod dyna ryw gr'adur yn cyrraedd y dre ar Harley a holi am hwn a'r llall. Eistedd yn y caffi oedd o pan ffoniodd Gwen JR. Daeth hwnnw draw o'r siop lyfra a gofyn i'r broga bach 'ma, 'What d'you want?'

Heb ofyn os oedd JR yn feicar, dywedodd, 'They want to see you eight o'clock tomorrow in their clubhouse,' ac allan â fo nerth ei draed ac ar ei feic i lawr y lôn.

Welodd 'they' neb yn eu clwb y diwrnod wedyn ac roedd pob grŵp wedi cael rhybudd i fod yn wyliadwrus. Dim lliwia i'w gwisgo rhag ofn. Fu dim smic am wythnos dda, ac wedyn dyna sŵn motobeics un bore Sadwrn, pedwar yn cyrraedd y caffi, parcio i fyny ac i mewn â nhw ac eistedd. Y broga a thri arall, yn siarad Saesneg bob gair.

'Four coffees, luv,' meddai un.

'No waiter service here, pay at the counter,' meddai Gwen. Dywedodd y beicar rwbath o dan ei wynt.

'What's that? Speak up,' meddai Gwen.

Calla a dawo: cododd y broga a thalu am y ddiod gan rwgnach.

'If you don't like it, fuck off!' harthiodd Gwen â storm ar ei gwep.

Doedd gan y broga ddim awydd gofyn llawer o ddim i Gwen wedyn. Bu'r beicwyr yn llusgo dros y coffi am gryn awr cyn i'r pen dyn fynd a gofyn i Gwen os oedd 'na feicwyr o gwmpas. Roedd o angen gair hefo un.

'Which one?' holodd Gwen.

'Any,' atebodd.

'Just a bloke with a bike?'

'That's a start.'

'Who's askin?'

'Dog,' meddai, ac aeth yn ôl i'w gadair.

Piciodd Gwen i gefn y caffi a rhoi caniad i JR. Dyna JR yn rhoi'r cynllun ar dro. Ffoniodd Bob a deud 'Caffi, pedwar a ddaeth'. Ffoniodd Bob Sam ac roedd y gadwyn yn ffurfio.

Cyfarfu'r hogia yn y clwb gan ddod i mewn trwy'r adwy fach yn y cefn: Bob, Ffi a JR ac wedyn Kit a Gordd a Sam.

'Dwi ddim isio iddyn nhw glocio'ch gwneba chi,' meddai Bob wrth yr hogia.

'Ond fydd pob dim ar y CCTV.'

'Dwi ddim yn meddwl bod nhw isio cwffio, so eith Sam a fi am sgwrs a geith Kit a Gordd fynd i gefn y caffi a'r ddau arall i wylio o'r clwb; a dowch fel y diawl os gewch chi alwad.'

Cerddodd Bob i mewn i'r caffi o'r ochor chwith a daeth Sam o'r dde ryw bum munud yn hwyrach. Cawsant banad ac eistedd wrth y ffenast.

Ymhen hir a hwyr edrychodd Dog at Gwen a dyna hi yn ymestyn ei dwylo at Bob a Sam a gwneud siâp ceg 'there'. Os oedd hwn angen gair byddai'n rhaid iddo godi a mynd at yr hogia; ac os deudai o 'Do you know who I am', wel gwdbai Wales yr hen foi, meddyliodd Gwen.

Cododd Dog ac un arall a cherdded draw at fwrdd Bob, cyn eistedd i lawr heb wadd.

'We've some business to sort out,' meddai Dog yn acen canoldir Lloegar.

'Carry on,' meddai Bob. 'I'll get your message to the right people.'

'We own North Wales, from Holyhead to Aberystwyth all the way to the border. No-one rides with patches unless we say so.'

Ym mhen Bob y cwbwl oedd o'n glywad oedd, 'Chei di'm gneud hyn a chei di'm gwneud llall. Chei di ddim deud fod Dafydd Gam yn llinyn trôns a babi mam'.

'Have you got a contact number?' meddai Bob, ac roedd Sam yn barod i golbio.

Newidiwyd rhifa ffôn.

'Get whoever to contact me by end of the week.'

'We will try our utmost,' meddai Bob, gan feddwl ffwc off, a'i ben bron â chwalu.

Cododd Dog ac aeth y pedwar allan, tanio'r beics ac awê.

26

Ni ffoniwyd neb ac aeth pythefnos arall heibio heb lawer o stŵr. Roedd yr eira'n mynd yn iawn a'r clybiau newydd ar ben y gêm. Rhybuddiwyd pawb i fod yn ofalus a chadw gwyliadwriaeth am unrhyw fistimanars.

Cafodd Bob alwad ffôn un prynhawn. 'Did you deliver the message?' meddai rhywun.

'I've told a few, the ball's in their court now,' meddai Bob.

'Don't play silly buggers with us or else. Get in touch,' meddai'r galwr.

Aeth Bob yn syth at Sam a deud be oedd wedi digwydd. 'Rhaid ymateb yn galad,' meddai Sam. 'Nei di adael i mi sortio fo?'

'Iawn, ond cymer bwyll a gofal,' medd Bob. Diflannodd Sam.

Gelignite, dau stic, *test tube* bach, batri, *ballbearing*, corcyn, *detonator*, *duct tape* a wejan. Pob dim fedra rhywun brynu, ac wedi ei brynu ers oesoedd yma a thraw. Y jeli a'r dêts di dod o ladrad yng nghanol Lloegr bum mlynedd yn gynt. Doedd neb am ddeud eu bod wedi colli jeli. Doedd neb wedi cyffwrdd â'r gêr, a dyna Sam yn dechra rhoi petha at eu gilydd. Menig marigold am ei ddwylo a thapio'r *wedge* i'r jeli a'r batri.

'Pam ti'n gwisgo menig?' gofynnodd Dafs. '*Fingerprints?*'

'Na, gei di gur yn dy ben hefo *gelignite* os na watchi di,' meddai Sam.

Y *ballbearing* union seis y tiwb, ei roi i fewn a'i dapio at y pecyn. Dau dwll yn y corcyn, dwy wifren i mewn, un o'r det ac un o'r batri. Ei dapio o dan y car fel bod y tiwb yn nelu am y cefn a'i drwyn i lawr. Y wifren ddwytha o'r tiwb i'r batri. Pan frecith y car ne fynd lawr allt ma'r *bearing* yn gwneud *connection* a BANG!

Rhyw dridia wedyn daeth stori i'r papurau newydd fod car wedi cael damwain ar lôn yr A487 tu allan i Trecastell a bod un wedi marw. Ar ôl wythnos roedd y stori'n sôn am lofruddiaeth, ond doedd yr heddlu ddim yn gwybod pam.

Rai dyddiau wedyn bu damwain yn y tŷ clwb yn y Bae. Chwythwyd y lle i fyny drwy ddamwain gyda'r nwy; y wal flaen wedi mynd yn llwyr a'r rhan fwyaf o'r to. Mi oedd rhywun wedi gadael tapiau'r stof nwy ymlaen ac roedd cannwyll deuddeg awr yn olau ar un o'r byrdda.

Ddau ddiwrnod yn ddiweddarach fe saethwyd dau ddyn mewn siop *tattoos*, un yn farw a'r llall wedi ei glwyfo'n hegar. Y diwrnod wedyn cafodd un o'r Herwyr ei ddymchwal oddi ar ei feic a chafwyd hyd i'r modur wedi'i losgi allan yn Llanrhos.

Yn ôl pob golwg mi roedd Sam wedi mynd i ryfela o ddifrif. O fewn mis i'r ddamwain ar ffordd yr A487 roedd clwb y Fall wedi ei fomio yn Nghroesoswallt ac yn Lymm ger Manceinion. Roedd yr heddlu'n meddwl bod rhyfel rhwng yr Herwyr a'r Fall ac roeddynt yn poeni ei bod am fod fel y rhyfel beicwyr yn Sgandinafia yn y nawdegau lle lladdwyd unarddeg.

'Fuck me,' meddai Bob wrtho'i hun. 'Rhaid 'mi 'rafu'r hogyn 'ma neu fydd o wedi lladd y blydi lot.' Cafodd afael ar Sam y noson honno ac argymell ei fod o'n eistedd yn ôl am sbel.

27

'Parti 'dan ni angen,' meddai Jip ac fe wnaethpwyd cynlluniau ar gyfer y Sadwrn dilynol. Daeth hogia o bob *chapter* i lawr am y parti a pharciodd Jip y ceir fel ei bod hi'n anodd mynd heibio i'r clwb. 'I stopio *drive by*, de,' meddai.

'Meddwl bod chdi'n Crompton L.A. ti,' meddai Dafs.

Fel pob clwb beics roedd fel *airlock* yn y drws: cau un, agor llall, i atal rhywun rhag rhedeg i mewn. Efs a Dafs oedd ar y drws. Roedd Sam yn yfed coffi yn nhywyllwch y caffi gyda Betsy Lou, *twelve bore, pump action, eight shot*. Betsy Lou oedd ei henw. Roedd Sam wedi ymarfer â'r gwn yn yr iard sgrap, wedi tanio'r cwbwl yn un rhes ac wedi troi Ford Transit yn *pickup*.

'Byth yn atab fi yn ôl, ond *lookout* pan ma'i'n siarad,' meddai Sam.

A dyna barti. Rip yn dawnsio fel gwallgofddyn yn ganol y llawr. Cochyn yn ceisio tynnu tonsils rhyw fodan allan hefo'i dafod, a Picasso a Gordd mewn cystadleuaeth malu awyr a deud petha hurt. Kit yn sincio cania fel tasa yfory ddim am ddod a JR, Jip a Tom yn cyfathrebu â phawb. 'Ma Ffi yn hogyn drwg,' meddai Tom, 'mae o 'di cael *lines*.'

Chwarddodd yr hogia a sbïodd Ffi arnynt yn od â mwstash Hitlar gwyn ganddo. 'Tasat ti'n rhoi llinell o boliffila ar bwr mi fasa hwn yn gneud iddo ddiflannu,' meddyliodd Bob.

'Nos da, hogia,' meddai Bob wrth adael y clwb a'i chychwyn hi ar draws y lôn gyda Gwen yn ei gesail a hitha hefo'i llaw lawr cefn ei jeans. Fewn i'r caffi a gofyn i Sam, 'Ti'n iawn? Helpa dy hun i fwyd.'

'*All good*,' meddai Sam.

Ymlwybrodd Bob a Gwen rhwng y byrdda ac at y drws cefn, ac yna fyny'r grisiau i'r fflat.

'Iesu ma'r hogia 'ma'n medru yfad,' meddai Bob.

'Mynd yn hen wyt ti,' meddai Gwen gan wenu mwy nag arfer.

'Ddim rhy hen i chdi!' a dyna Bob yn ei chodi a'i chario i'r llofft a dechra'i chusanu yn awchus.

'Hold on, gad 'mi dynnu 'nillad!' meddai Gwen, ac mewn eiliad roedd hi'n noethlymun gorcyn ac yn tynnu sgidia a throwsus Bob i ffwrdd. O hogan dros ei deugian mi oedd yna chwip o gorff arni, athletaidd, sgwydda a breichia cryf, *sixpack* a waw. Gorfeddai ar y gwely a smudodd Bob fel dyfrgi tan ddoth ei geg at ei thrysor. Bu'n ymgomio â'r trysor am ryw bum munud cyn i Gwen ddechra gwneud sŵn. Crymodd ei chefn yn sydyn a gafaelodd yn ei wallt a'i lusgo'n ddyfnach i mewn i'r fangre sanctaidd.

'Ffwc, ffwcin hel!' meddai, a dyna Bob yn gwthio'i gala i grombil yr haleliwia. Bu'n pwnio am hydoedd ac yna dyna sŵn a stŵr. Y ddau yn cyrraedd hefo'i gilydd. Chwys yn tasgu lawr ei gefn ac i lawr i'r pant uwchben ei din. Trodd ar ei ochor ac mewn pum munud roedd yn chwyrnu fel baedd.

28

Torrodd y wawr a thaflu pelydryn o haul drwy'r llenni. Deffrodd Gwen a throi a sbio ar y cawr 'ma oedd yn cysgu wrth ei hochor. 'Dwi reit lwcus,' meddyliodd. 'Ma hwn wedi gwylio drostof fi a'r bychan yn dda.'

Gyda hynna trodd Bob ar ei gefn a gofyn 'Faint 'di?'

'Wel ma'i ddigon da i mi,' meddai Gwen a mowntio ei gala. Symudodd yn araf yn ôl a blaen ac yna mewn cylch. 'Nôl a mlaen, 'nôl a mlaen, gwyrodd ymlaen a brathu ei ên yn dyner a chwareus, yna ei gusanu'n ara a gwllwng ei thafod i'w geg ac yna gwthio ei thethi i'w wyneb gan ddal i wingo ar ei gala.

'Blydi hel, ti ar rwbath?' meddai Bob.

'*On you, baby*' meddai, a'i reidio i'r pen.

Cododd Bob o'r gwely ac agor y llenni. Edrychodd drwy'r ffenast allan i gyfeiriad y clwb. Roedd ei law chwith yn gafael yn ei benelin dde fel John Wayne yn y shot ddwytha yn y *Searchers*.

Edrychai Gwen ar ei silwét. Oedd, mi oedd Bob bron yn hanner cant ond blydi hel, mi oedd dal yn bishyn, ysgwyddau llydan a thin bach tyn. Trodd Bob i'r ochor a gwelodd Gwen y graith erchyll ar ben ei fraich ac un arall ar hyd grafell ei ysgwydd. Troffis o'r Congo. Aeth Gwen ato a gafael am ei ganol gyda'i llaw chwith ac yna gafael dros ei law dde gan wthio'i bysedd rhwng ei rai o. Sefodd y ddau yn llonydd fel dwy gwningen â hebog yn eu gwylio, '. . .barlyswyd ennyd; megis trindod faen . . .'.

'Cawod,' meddai Bob, a ffwrdd â fo gan dorri hud y foment. Tra oedd o yn y gawod aeth Gwen i wneud brecwast iddynt. Daeth Bob i'r golwg ac eistedd a bwyta.

'Stedda a bwyta rwbath,' meddai.

'Gai wbath yn munud,' meddai Gwen. 'Â'i i *shower* a newid gynta.'

'Iawn, yrra i Sam drosodd am sgram,' meddai Bob.

'Ia, *cool*,' meddai Gwen. 'Geith o olchi'r llestri hefyd, ia?'

Croesodd Bob y ffordd a nelu am y clwb a fewn â fo. Roedd Sam ar ganol clirio'r cania cwrw ac ati. 'Rhywun i fewn?' gofynnodd Bob.

'Ma Dafs yn dobio wbath yn y dorm,' meddai Sam â rhyw wen fach ar ei wefusau.

'Ma Gwen wedi gwneud *starter for ten* iti, welan ni pawb at yr un ma?' meddai Bob. Aeth i waelod y grisia a gweiddi, 'Cofia gloi!'

'OK,' meddai rhyw lais bach.

29

Daeth un o'r gloch ac mi oedd pawb yno. Awê a lawr y ffordd â'r hogia, neb ond JR yn gwybod i lle. Heibio castell Harlech. 'Di Branwen adra 'da?' meddyliodd Bob, 'a'r brawd mawr?' Gwenodd wrtho'i hyn. Bermo oedd pen y siwrna.

'Efs angen *ice cream* medda fo!' gwaeddodd JR.

Dyna barcio yn un rhes o flaen y ciosg hufen ia gyda tinau'r beics at y clawdd, fel bod pawb yn barod i fynd. 'Be ma hogia hefo cocia mawr yn gael i frecwast?' gwaeddodd Dafs.

'Dim syniad,' atebodd Sam.

'Wy di ferwi gesh i ia,' meddai Dafs gan rowlio chwerthin.

Tynnu coes a deud hanes y noson cynt. Rhyw genod Japanese eisiau ista ar y beics. 'Stedda ar hon,' meddai Jip gan wasgu yn ei gwd. Chwarddodd yr hogia.

'Be sa hi'n dallt Cymraeg fel cân Macs Boyce?'

'*Bring it on*,' meddai Jip a sgytian ei drow.

'Glywsoch chi hanes y Ffernols yn Sir Fôn?' meddai Dafs. Pawb yn hel o'i amgylch i gael yr hanes.

'Wel mi oeddan nhw ar sbin i Gaergybi a nathon nhw gyrradd bont Borth, oedd yr heddlu wedi ei chau. "Jumper," medda'r cop. "Mynd rownd i Britannia ne na'i sortio petha?" medda Cochyn. "Sortia fo," medda pawb ac ar hynny dyna Cochyn heibio'r copar ar ei feic ac at yr hogan oedd am neidio. "Hei cyw, cyn iti neidio, gwna fi'n hapus hefo snog iawn," medda Cochyn gan afael ynddi a rhoi anfarth o snog iddi. "Pam?" gofynnodd Coch. "Tydi dad a mam ddim yn fy neallt i, yn enwedig ar ôl 'mi ddeud 'mod i'n *tranny*." Asu, roedd hi'n uffar o beth ddel hefyd, yn ôl Coch.'

Ar ôl rhyw hanner awr cychwynnwyd am Bont-ddu, Dolgellau, Rhyd-y-main ac i'r Bala. Aros yn ganol Bala i gael *chips* o'r Badell Aur ac yna am Gwm Prysor, troi dros y Mignaint ac am adre. Tincran a llnau ac yna cyfarfod sydyn i drafod pob dim oedd yn mynd ymlaen.

Esboniwyd beth oedd ymateb yr Herwyr a'r Fall a dywedwyd fod clwb wedi ei chwythu i fyny a bod amryw o ddamweiniau annisgwyl wedi digwydd yn olynol felly bod angen i bawb fod ar wyliadwriaeth rhag ofn y basa 'na ddial, a'r hogia'n ddim byd i wneud hefo'r helynt.

Gwenodd Sam o glust i glust. Dyma oedd ei fyd, gwaith tanddaearol heb fynd dan ddaear. Rhoddodd Bob bawen ar ysgwydd Sam i'w bwyllo.

'Mond un ne ddau arall a mi roi stop tap arni,' meddai Sam.

'OK,' meddai Bob.

30

Fore Llun daeth JR draw at Bob a dangos pennawd y *Tivyside Advertiser* iddo. 'Man's torso found on beach: police awaiting DNA result'.

'Dim y fi di'i dad o,' meddai Bob, dan chwerthin. Gwenodd JR wysg ei din.

'Paid a ffwcio fyny JR, dio ddim i wneud hefo chdi, ne yn locar Dafydd Jos fyddi di hefyd. 'Sa ffwc o neb yn gwneud amsar am dwat. *Right*?'

'*Right*,' meddai JR. Mi oedd rhai darnau o'r bywyd motobeics 'ma'n drech nag ambell un, ond roedd angen cofio nad oedd neb wedi gorfod gwneud dim nad oedd nhw ddim isio'i wneud ac roedd y stwff trwm yn digwydd heb i neb wybod pwy, pam na ble; a phob blwyddyn mi oedd yna lwmp o arian.

Dyn llyfrau oedd JR drwadd a thrwadd, hanes Cymry a beirdd ac ati. Mewn llai nag awr roedd o'n ôl yn yr harnes ac yn tynnu 'run fath â phawb.

'Da iawn JR, ti'n un o fil, fydd rhaid imi dy hel i Hay on Wye i'r byd llyfra am benwythnos,' meddai Bob, â braich am ei sgwydda. ''Swn i ddim nics yn dy ddarfod di,' meddyliodd iddo'i hun. 'Toes na'm un o rhain yn mynd i'n ffwcio ni fyny. Pawb drosto'i hun a Duw dros bawb.'

Y noson honno cafodd Bob strach i fynd i gysgu. Yn ei ben roedd o wedi lladd pawb yn y clwb. A lle uffar oedd Sam?

Heb ei weld ers dyddia.

Mi ddoth yn fora, a pwy oedd tu allan i'r caffi ond Sam. 'Mynd ta dŵad wyt ti?' meddai Bob.

'Dŵad am goffi, de,' meddai Sam, ac i fewn â nhw am banad.

'Sut ti'n lladd rwbath? Torri'i ffwcin ben o i ffwrdd de, so dwi am fynd am y top man,' meddai Sam. 'Ond fydd rhaid i chdi fod hefo fi.'

'Iawn, dan ni wedyn gwneud dipyn o ddryga hefo'n gilydd, so *one in all in*,' meddai Bob.

'Ti'n sowndio fel un o'r Gyrchlu,' meddai Sam. 'Dwi wedi gwneud plan. Dyma fo.' Darllenodd Bob y plan yn araf a gofalus. Mi oedd eu bywyda yn dibynnu ar y canlyniad. Ia, eu bywydau a'u cynhaliaeth. Unrhyw nam a byddai carchar am oes, dedar neu weld bod y busnas eira wedi mynd yn llwyr. Dros filiwn o incwm yn diflannu. Dim diolch Mr Gelyn.

'Dim ond setio alibi dan ni angen, a mi wnawn ni hynny yn nes i'r amser,' meddai Bob, gan losgi'r plan yn ulw a'i roi mewn soser.

31

Doedd petha ddim yn mynd yn rhy dda ar y rỳn eira o Pesda i'r ffin. Roedd yr hogia'n cael dipyn o waith torri fewn i'r byd cyffuriau yng Nghorwen a Llangollen. Gofynnodd Idwal, arweinydd y Ffernols, am gymorth i dorri i mewn. Pasiodd Bob a Sam y basan nhw'n rhoi cynnig arni.

Mi roedd yn rhaid rhoi ffwlstop ar y gangiau eraill yn y Gogledd ac roedd gwaith perswadio ambell un eu bod ar drywydd ofer. Felly roedd angen mynd i mewn yn galed. Roedd y Fall yn brolio aelodaeth o ddau gant a hanner. Ond eu problem fwyaf oedd ansawdd eu dynion o'u cymharu â'r hogia lleol.

Rhentwyd fflat iddynt yn Llangollen a dechreuodd y ddau gael eu hadnabod o amgylch fel dau oedd yn hoffi cwrw a reu. Cafwyd bachiad gydag un creadur, Jos, a oedd wrth ei fodd yn eu cwmni, a thrwyddo fo prynwyd pob dim. Ar ôl tair wythnos gofynnodd Bob am owns o reu ganddo.

'Fedra i ddim gneud gymaint â hynna,' meddai'r creadur, 'ond fedra i gael gafael ar rywun sy'n medru.'

'*Fire away*,' meddai Bob. Sinciodd i'w gadair a gwylio'r nwy yn dianc o'i beint. 'Bydd rhaid bod fel dau farcud 'ŵan a stagio bob dim,' meddyliodd.

Mewn rhyw chwarter awr dyna *chap* o'r enw Trefor yn troi i fyny a gwerthu owns i'r hogia.

'Can you get some Charlie?' meddai Sam.

'Anything you want, no problem.'

Yr wythnos ddilynol: 'Jos, dan ni isio owns o reu ac owns o *coke*,' meddai Sam. 'Got a big party on.'

'Will do,' meddai Jos, a ffwrdd â fo. Daeth yn ôl mewn rhyw hanner awr a'r ordor yn ei got.

Wythnos wedyn dyna'r hogia yn gofyn am dair o *coke*. Aeth Jos a dŵad yn ei ôl a dweud y buasa rhaid cyfarfod Tref yn y tŷ. Ffwrdd â'r hogia a gwneud y *deal*.

Y diwrnod wedyn roedd Sam a Bob yn archifdy'r Sir yn chwilio am blaniau a dogfennau'r cyfeiriad roedd Trefor yn gwerthu ohono. Bu'r ddau yn gwylio'r adeilad am gyfnod o bythefnos: gwylio pwy oedd yn mynd a dŵad ac ati. Mi oedd angen plan da ar gyfer fan hyn. Pasiwyd fod chwech yn byw yn y tŷ, pedwar boi a dwy ferch. Casglwyd pob dim at ei gilydd yn barod am y noson fawr.

Pigwyd chwech o'r Ffernols oedd heb farf, a'u gwisgo fel heddlu. Rhoddwyd wasgod i'r pedwar arall a chapiau *baseball* gyda HEDDLU ar y blaen. Cyrhaeddodd yr hogia Langollen mewn dwy fan wen a pharcio tu allan i'r tŷ. Roedd Bob yn un fan a Sam yn y llall yn gosod trefn be oedd am ddigwydd.

Drosodd a throsodd fe redwyd drwy y plan. Trwy y drws a rhedag i fewn dan weiddi 'Police! Police!' Arestio'r bobol yn union fel fasa'r heddlu'n wneud, a'u clymu gyda *plastic ties* a rhoi cwd dros eu penna.

Ac fel yna aeth hi. Ambell un o'r dynion yn strancio. Tasa nhw ond gwybod fod yna ddwsin o feicars rownd y gongol yn ysu am dwrw!

'What the fuck you doin', man? Fuck off, pig!' Dyna Idwal yn rhoi *stun gun* ar ei fraich a 'pop'. 'Bastard,' meddai hwnnw gan syrthio ar ei liniau.

Roedd yr hogia'n reit frwnt hefo'r drygis. Joe bach yn gofyn am eu henwau a'u cyfeiriad.

'Fuck off, copper,' meddai un, a dyna Joe â chleran iddo

yn ei 'senna gan weiddi, 'Show some respect, you bastard!'

Gwnaeth i bawb benlinio o flaen y soffa a rhoi eu pennau ar y soffa. Tawelodd y stŵr a dechreuwyd chwilota drwy'r tŷ.

Aethpwyd â'r drygis i'r gegin fesul un a'u holi am bob math o betha, pwy oedd yn cario iddynt, o lle roeddan nhw'n prynu ac ati. Mi oedd un o'r genod yn reit geglyd ac yn ateb yn ôl a rhegi yn ddi-baid. Gafaelodd Joe yn ei gafl a bwgwth ei ffwcio.

'Piss off, man!' meddai. Ar hynna rhuthrodd ei law o dan ei sgert, i fewn i'w *g-string* a gafael mewn llond llaw o gedors a'u rhwygo allan. Gwaeddodd y fodan, symudodd un o'r bois ar y soffa a dyna Idwal yn rhoi stynar iddo hefo *stun-gun*. Un rhad, ond fe wnaeth y job.

'You got any stashed up there?' holodd Joe.

Un o'r Ffernols oedd Joe, pum troedfedd o dal a phump o lydan. 'Wedi ei fagu tu ôl i'r cloddia yn y Carneddau, does dim byd yn tyfu'n dal yna,' yn ôl Idwal.

Carnedd Llywelyn neu beidio, meddyliodd Bob, does dim angen i'r galon fod yn garreg chwaith. Ddeudodd o ddim byd ond gafaelodd ym mraich Joe a'i thynnu'n ôl a sefyll rhynddo a'r hogan.

Mewn hanner awr roeddan nhw wedi darganfod y cyffuriau ac roedd Idwal wedi darganfod ces o arian. Aeth pawb allan yn reit ddistaw a gadael y carcharorion lle'r oeddent. Dyna Sam a Bob yn neidio i'r fan ac i ffwrdd â nhw am Pesda.

32

Cyrhaeddwyd Pesda a dyna Bob yn deud wrth y Ffernols mai nhw oedd pia'r drygs – hwre fawr, ond doedd hynny'n ddim byd i be roeddan nhw ar fin ei ddarganfod.

Wrth i Idwal agor y ces yn yr ystafell fach, sbiodd yn hurt. Roedd ei lygaid fel rhai llo bach.

'Fuck me!' meddai, â'i ên ar ei frest. Roedd y siwtces yn orlawn o bres: bwndeli o bapurau ugian gyda lastic band amdanynt. Cyfrodd Bob un bwndal a Sam un arall.

'Tua miliwn,' dywedodd Sam.

'Ty'd â deg mil i Sam a fi fel expenses a gewch chi'r gweddill. Ond peidiwch â bod yn wirion hefo'r arian. Prynwch glybhaws yn pentra gyda morgaij bach.' Ac ar hynna, taflodd Bob fwndal i Sam a rhoi un yn ei boced.

'Ti o ddifri?' gofynnodd Idwal.

'Wel, rho rhyw gymun i'r Cŵn a'r Gwylliaid am helpu a ma' siŵr gei di gennyn nhw pan ddoith eu tro nhw heibio,' meddai Sam.

'Ia, ar *patch* chi oedd y ffycars yn gwerthu, so . . .' meddai Bob. 'Ro'i ganiad iti yn yr wythnos, gawn ni panad a *chat*.'

Glaniodd Rip i nôl Sam a Bob, ac am adra â nhw. Dywedwyd yr hanes wrth Rip a chwarddodd yn uchel yn enwedig pan glywodd am y cwd dros ben bob un, Idwal yn eu stynio a Joe bach angen yr enwau a dipyn bach o barch.

33

Y diwrnod wedyn roedd Bob ar y ffôn hefo Lerpwl yn gofyn pwy oedd yn cyflenwi Llangollen a Rhyl a lawr yr arfordir 'dat y Bae. Esboniodd nad oedd o ddim eisiau sathru traed neb.

'Tommy La' oedd yn cyflenwi'r hogia a'r rhan fwyaf o'r gogledd. Dwy ffyrm o Lerpwl oedd yn cyflenwi'r gogledd ac am fod y Meheryn yn gwneud o Mach i Fangor, ac o fanno i'r ffin, mi oeddan nhw'n chwaraewyr mawr.

'Gadwch lonydd i'r dîlars bach, 'nân nhw ddim drwg i ni,' meddai Bob. 'Neu fyddan ni'n cael enw drwg am golbio rhywun bob wythnos.' Dywedodd Tommy, y top man o Lerpwl, mai gwrthwynebwyr oedd yn Rhyl a'r arfordir ond mai y fo oedd yn Llangollen.

'Well you ain't lost none then, just new management,' meddai Bob. 'We won't push for Rhyl and the coast, unless they stand on our toes.'

'Alright La, see you soon'. Dyna gadw'r ddesgil yn wastad: tra oedd Tommy yn y darlun roedd popeth yn iawn.

Galwodd Rip heibio'r clwb a mynd â'r dillad heddlu gyda fo a'u rhoi mewn blwch plastic yn y ddaear yn y cwt moch. Wedi'u prynu ar e-bay oedd rhain. Doedden nhw ddim yn anghyfreithlon os am eu gwisgo mewn *fancy dress* ac ati ond gwell eu cadw o'r golwg rhag ofn i ryw gopar ifanc roi dau a dau at ei gilydd.

Mi oedd yr eira'n mynd yn iawn ym mhob ardal. Pawb yn cadw i'r rheolau, dyna oedd yn bwysig. Os oeddat ti i fod i gael cyflenwad heno doeddet ti ddim i ffonio. Mi fyddai yna ar yr amser penodol a byddai amser wythnos nesa yn cael ei roi iti. Lleia'n y byd y ffonio, gora i bawb, er bod yr hogia i gyd hefo ffôns talu-wrth-fynd, taflu i'r bin, a rheini byth ymlaen nac yn gyrru text. Newidid y ffôns bob dau fis neu newid *sim*, a hynny i atal yr heddlu rhag cael syniad be oedd yn mynd ymlaen: os ydi ffôn ymlaen ma nhw'n medru deud lleoliad rhywun. Efs oedd yn deallt y dechnoleg ac felly fo oedd yn sortio unrhyw broblem.

34

Ffoniodd yr Herwyr a gofyn i Bob be ddiawl oedd yn mynd ymlaen.

'Don't know what you mean,' meddai Bob.

'You're supposed to sort out this shit,' meddai Dog.

'What shit? What you on about?'

'All this killing and stuff, we need to talk. We know it's you lot 'cause we've talked with the fatties and it ain't them.'

'Duw, we'll meet you and one other by the roundabout at Morrisons in the Bay at eight o'clock tomorrow, and no funnies,' meddai Bob.

'OK,' meddai'r llall.

Fe ddoth yfory yn gyflym iawn ond roedd yna blan. Rip, Bob a Sam oedd yr unig rai oedd yn gwybod be oedd yn mynd ymlaen. Cyrhaeddwyd Morrisons tua hanner awr wedi saith a pharcio yng nghanol y siopwyr. Yr arwydd ar y fan oedd R JONES PLASTERER; roedd platia'r fan wedi'u clonio a rac cario ysgol ar y to.

Mi ddoth yn funud i wyth ac i ffwrdd â'r hogia yn y fan at y rowndabowt. Roedd yna ddau fotobeic a dau foi yn sefyll yno; Dog oedd un a rhwbath tal gyda gwallt a barf di'i liwio oedd y llall. Stopiwyd wrth eu hochor a daeth Sam a Bob allan am sgwrs. Agorodd Sam y drws ochor i gael eistedd.

'We don't want this shit, we don't need it,' meddai Dog.

Cyn i neb gael siawns i ateb, saethodd Sam yr un mawr

yn ganol ei dalcen gyda refolfar a distëwr ar ei flaen, a tra rhythodd Dog mewn braw rhoddodd Bob drywaniad iddo yn ei lwnc gyda thwlsyn plicio tatw. Roedd o'n sblytran gwaed ym mhob man ac yn gwneud sŵn fel tasa fo'n garglo mowthwash.

'Be ddeudodd o?' meddai Rip.

'Sori?' meddai Bob.

Pam refolfer? Am fod cas y bwled yn dod adra hefo chdi. A thwlsyn plicio tatws am ei fod yn gadael mwy o wynt i fewn i'r anaf, ac felly bod y gwaedu'n fwy ac yn gynt.

Taflwyd y ddau i'r fan a'u cludo 'dat y *flyover* a'u taflu i'r A55. Lladdwyd nhw gan y godwm neu gan y lori aeth drostynt.

Lôn gefn am Landudno ac yna stopio, tynnu'r platia, yr arwydd a'r rwffrac ac adre trwy Ddolwyddelan. Mewn i'r clwb ac roedd pob dim allan yn barod. Y CCTV a CCTV y caffi wedi'u diffodd ers deuddydd, yn cael *upgrade* gan Efs.

Tynnodd pawb ei ddillad a chael cawod hegar, golchi gyda *bleach*, dillad glân a rhoi'r hen ddillad yn y sach, a'r sgidia. Gyda dillad glân amdanynt, fe dorrwyd barf a gwallt y tri, siafio'r cwbwl, y pennau hefyd, ac yna tynnu llun bob yn ail gyda chamera â dyddiad ddoe arno. Y rheswm dros siafio a thorri'r gwallt oedd rhag ofn fod yna CCTV yn y cyffiniau. Byddai'n anoddach eu nabod nhw.

'Siafio'n penna i *charity*,' meddai Rip, wrth gychwyn am adra i lnau'r fan gyda *bleach* a jetar a llosgi'r dillad y noson honno. Plygwyd y platia a'u torri'n fân, a llosgwyd yr arwydd.

'Paid â gadael i dy dad losgi'r dillad, gwna fo dy hun.'

'OK!' meddai Rip, a ffwrdd â fo.

'Panad?' cynigiodd Bob.

'Sort ora,' meddai Sam, ac ar draws y ffordd â nhw ac i fyny i'r fflat. Gorweddai Gwen ar y soffa yn gwylio'r teledu.

'Bob dim yn iawn?' gofynnodd.

'Tip top! Dos â'r camera i Efs, cyw, ma'n gwbod be i wneud,' meddai Bob, gan basio'r camera iddi a cheisio rhoi'r teciall o dan y tap.

'Gyma inna banad pan ddo'i nôl,' meddai Gwen wrth fynd.

'Ti angen bwyd?' gofynnodd Bob.

'Na, mond panad felys a bisgit,' atebodd Sam.

'Duwcs, ti reit cŵl! Dwi dipyn yn *hyper,*' meddai Bob.

'Wedi hen arfer, sti; lladd yn Werddon un munud, a tri deg chwech awr wedyn rhoi bagia bins allan yn Gloucester. No problem,' meddai Sam.

'Ma rhaid dduw bod o'n ffeithio rywsut arna fo,' meddyliodd Bob.

35

Daeth Gwen yn ôl ac ymhen rhyw ddeng munud fe aeth Sam am y clwb. Aeth Bob i'w wely a gorfadd ar ei ochor gan feddwl am y noson.

'Iesu gwyn, dan ni'm yn gall,' meddyliodd, a dyna'r gwely yn sigo fymryn wrth i Gwen wthio ei chorff noeth amdano, gafael am ei ganol a rhoi cusan iddo ar ei gefn.

Gorweddsant yn llonydd, y fo yng nghryman ei chorff. Yn ara deg smudodd ei llaw i lawr 'dat ei erfyn ac mewn eiliad neu ddwy roedd ei bysedd sionc a medrus wedi tanio'r injan. Trodd Bob i'w gwynebu a phlannodd ei wefusau ar ei rhai hi. Mi snogiodd hi tan oedd hi'n mygu ac yna llithrodd ei dafod dros ei Charneddau gan dynnu yn y blagur caled. Tynnodd hithau yn ei gala. Rhwbiodd ei llester yn araf ac yna'n fwy gwyllt, sinciodd ei fysedd i'w pharadwys a mowntiodd hi yn ddi-lol. Mi oedd hi ei eisiau, ei angen, pob modfadd o'i ddynoldeb; rhoddodd ei dwylo yn rhych ei din a'i dynnu i mewn i'r fangre sanctaidd, gan dynnu a thynnu ac yna y ddau yn hergydio'n ysbeidiol tan iddo wagio ei lwyth. Yna disgynnodd oddi arni a mynd i gysgu heb gusan na dim.

Ond roedd Gwen yn ok. Edrychodd drwy'r llenni a gweld Jane Tŷ Pen yn mynd yn fân ac yn fuan ar draws cowt y clwb am y drws a Sam yn ei chyfarch â chusan. 'Wel, wel, Jane di'r iâr ia?' meddyliodd Gwen dan wenu.

'Haia Q,' meddai Sam. '*Long time no see.*'

'Ti mond yn ffonio pan ti isio jymp, y diawl drwg,' meddai Jane, gan hanner gwenu am ei bod wedi cael *get away* hefo deud ffasiwn beth.

'Am y llofft 'na!' meddai Sam, a smalio rhedeg ar ei hôl. I'r dorm â nhw ac yn syth i'r gwely heb lawer o pri-lums. Mi oedd o'n gusanwr tendar a dyna fo'n gwllwn y bwystfil allan. Yng nghanol y caru dyna Sam yn deud, 'Gafal yn dy het, dwi'n pasio dy galon!'

'Be s'an'ti y clown? Ti di rhoi fi oddi ar fy strôc ŵan, y bygar hunanol!' meddai Jane gan godi a chychwyn o'no.

'Sori!' meddai Sam, a dyna Jane yn dechra chwerthin. Roedd Sam yn edrach fel hogyn ysgol 'di cael row, a dyna lle roedd o yn ganol y llawr hefo'r goc lipa ma, yr eiliad wedi mynd. Pwyntiodd at 'i hen beth o a deud 'cwits!' a neidiodd y ddau yn ôl i'r gwely a dobio yn ddi-baid drwy'r nos.

36

Rhyw dridia wedyn cafwyd cyfarfod o'r holl arweinwyr yn y clwb: Idwal ac Ogwen o'r Ffernols, Maw a Ger o'r Gwylliaid, Idris a Cwm o Cŵn Annwn a Bob a Kit o'r Meheryn.

Roedd angen trafod ardal Talsarnau hyd Bermo. Mi oedd yna dri gwerthwr gwahanol yn yr ardal. Bermo oedd y broblem fwyaf, felly pasiwyd i ymgynnull yn Llanelltyd wythnos i'r Sadwrn mewn ceir, a dim patches, at hanner awr wedi saith ym maes parcio'r toilet. Yn y cyfamser roedd y Cŵn a'r Gwylliaid am yrru eu hogia i lusgo o amgylch y tafarndai i ddarganfod be oedd be, a phwy oedd yn gwerthu; rhai yn mynd gyda'u merchaid.

Nos Iau cyn y iahŵ, cyfarfu'r hogia a dadansoddi'r wybodaeth a gasglwyd. Teulu wedi mewnfudo i Bermo oedd y *topmen*. Banbury oedd eu henw a'r Last Inn oedd eu lle yfed, felly y plan oedd gyrru rhyw ugain i fan'no, y canwrs gora, a chymryd arnyn nhw mai côr Godre'r Bryn oedden nhw. Bysa'r gweddill yn mynd i'r Anchor, y Myrddin a Tan y Don a waldio'r *dealers*.

Pan fyddai'r rheini yn rhedeg i'r Last Inn i gario straeon mi oedd Kit, Idwal a Corrach am gael gair yn glust y brodyr Banbury, a gan fod y tri yn gewri, os byddai angen cweir mi oedd hi ar gael yn rhad ac am ddim.

Mi oedd yr hogia wedi dechra aflonyddu ar y pwshars, un ne ddau wedi cael andros o homar am fod yn ddigwilydd, ac wrth i'r pwshars ei hel hi am y Last Inn roedd un neu ddau o'r hogia'n aros yn y tai tafarnau ac yn gwerthu'n uffernol o rad gan ddweud wrth bawb y bydden nhw'n ôl wythnos nesa.

Wrth i'r côr ganu 'Calon Lân' ac wedi gwneud amcangyfrif sydyn mi oedd Sam yn meddwl fod gang y Banbury i gyd yn y dafarn.

'Gwna dy sdwff,' meddai Bob wrth Kit.

Cerddodd Kit, Idwal a Corrach at fwrdd y brodyr, trawodd Kit y bwrdd hefo'i ddwrn a'i hollti'n ddau a dyna Idwal yn deud, 'Last post boys, our town, fuck off or you're dead!'

Sgyrnygodd Corrach a nelu amdanynt gyda'i lygid gwyllt. 'Fuck it!' gwaeddodd. 'You've had your chance!' ac i fewn â fo fel injan ddyrnu. Canodd y côr yn uwch ac roedd Kit, Idwal, Sam a Corrach yn cael sbri.

'Cadwa un i mi!' meddai Cwm, a neidio i fewn. Mi oedd pawb o'r côr a'r hogia yn gwisgo cennin Pedr yn eu cotia, y rhai Macmillan 'na, felly roedd pawb oedd heb un yn cael clustan.

37

Cafwyd cyfarfod pwyllgor y nos Fercher ddilynol. Agorwyd y drafodaeth gan Bob yn cymeradwyo'r ymladd a'r ymddygiad, gan ddeud ei fod o'n disgwyl i hanner pob clwb droi allan yn Bermo y Sadwrn nesa.

Mi oedd yna lot o chwerthin a chadw reiat, Tom yn gwneud sŵn crio â hancas yn ei law.

'Ma'i'n iawn arna chi ffycars ond dwi'n amddifad; gollish i Mam ddau fis yn ôl.'

'A faint 'di dy oed ti? Y clown!' meddai Kit.

'Bw-hww,' meddai Tom, a phawb yn chwerthin.

'Trefn, trefn!' gwaeddodd Bob. 'Rhaid inni fod o ddifri, mae'ch arian chi'n dibynnu ar be dan ni am wneud.' Tawelodd pawb rywfaint ond roedd yna bedwar dwsin o fechgyn fuasa yn y 'clas clai' 'blaw bod ambell i athro wedi gweld rhyw lygedyn o obaith gyda nhw.

'Ti'n dal i ddefnyddio fasalîn pan ti'n cael rhyw, Tom?' gofynnodd Aled.

'Yndw, ei blastro fo ar y nob.'

'Ma hynny'n beryg,' meddai Sam.

'Ar nob y drws fel bod y plant yn methu dod i'r llofft, de!'

'TREFN!' gwaeddodd Bob eto, a dyna ddistewi o'r diwadd. 'Dawn ni'm adra heno myn diawl i!' meddai dan ei wynt.

'Dan ni wedi bod yn trin a thrafod y plwyfi a dyma dwi'n

gynnig: pob peth o'r A470 i'r môr ar y gorllewin ac i fyny at Penrhyn-Maentwrog i Cŵn Annwn. O'r A470 i'r A5 (dim ar yr A5) a Maentwrog A470 i'r Gwylliaid Cochion. Bangor A5 i'r A55 tan Mochdre a lle bynnag y gallan nhw, ond ddim Rhyl, i'r Ffernols, a'r Meheryn bia Pen Llŷn, Eifionydd a phob dim i'r de o'r A5. Bydd y Meheryn yn gwneud y prynu,' meddai Bob. Trafodwyd y telera a phasiwyd y cynnig.

'Mi fydd rhai petha yn codi'u penna, bod rhywun ochor rong o'r stryd ac ati, rhaid ichi setlo'r petha bach 'ma heb gwffio'n gilydd. Ar y funud, NI,' meddai Bob gan wneud arwydd cofleidio, 'NI pia y Gogledd.'

'HWRE!' fawr.

38

Fe ddaeth y Sadwrn, a'r plan oedd i'r Ffernols gyfarfod y Meheryn yn Pendryn, fel ma pobol Pendryn yn ei alw, a gweithio'u ffordd lawr am Bermo. Gelwid i fewn yn y tafarnau – y Griffin a'r Ship Aground – ac yna i Harlech a Llanbedr, Mochras, Dyffryn. Byddai hyn yn cymryd tua awr a hanner.

Stopiwyd yn fynwant Bermo a ffonio Ger. Atebodd hwnnw'n syth a deud eu bod ar gychwyn o Cutiau ac y basan nhw yn ganol y dre mewn deg munud. Daliodd JR ar yr hogia ac yna dyna orymdaith araf i lawr yr allt i fewn i Bermo.

Wel, dyna i chi olygfa. Dau ddwsin o Harleys swnllyd fel tractors John Deere a dau ddwsin o wehilion, yn ôl yr olwg, ar eu cefnau. Fel roeddan nhw ar gyrraedd y fforch am y traeth dyna'r Cŵn a'r Gwylliaid yn cyrraedd. Mi oedd y sŵn yn uffernol: larwms ceir yn mynd ymlaen, a'r hogia yn refio. Heibio i'r gongol a chwt y bad achub, a pharcio'n ddestlus ar draws y maes parcio yng nghefn y neuadd sydd tu cefn i'r bar hufen iâ a byrgers.

Gadael chwech i wylio'r Harleys a phawb arall fesul chwech i bob tafarn i ddangos i'r Banburys eu bod nhw o ddifrif. Daeth un o'r brodyr i siarad gyda Bob, a dywedodd Bob wrtho y basan nhw'n cael rhedeg o Bermo i Harlech. Soniodd Bob ddim fod y Cŵn am foddi'r ardal am tua mis gyda stwff rhad. Byddai'r symudiad yma'n gwneud y brodyr

Banbury yn elyn i bawb yn y cyffiniau achos nhw fasa'n cau'r sefydliadau bach i lawr.

Gadawyd Bermo ar ôl rhyw awr a'i chychwyn hi am Fachynlleth, ond mi oedd angen rhoi sioe fach i Ddolgellau. Rhannwyd yn ddwy garfan, un yn dod i fewn o ochor ffordd Tywyn a'r lleill o'r bont fawr. Roedd y sŵn yn anfarwol, yn bowndian oddi ar waliau'r tai.

Daeth pawb i'r sgwâr fach, Felin Isaf, a pharcio ym mhobman. Aeth un neu ddau am lymaid ac ar ôl chwarter awr dyna'r bib yn canu a phawb yn hel ei dacla, a ffwrdd â'r fintai fel mintai Owain Glyndŵr yn ymdroelli trwy'r strydoedd ac am y Cwt Gwyn am betrol. O'r fan honno heibio i'r Llwynog Blin ac i gyfeiriad Dinas. Troi i'r chwith yng nghanol Dinas, troi eto i fuarth ffarm a dyna lle roedd y clwb. Pawb yn parcio'n daclus ac yna barbeciw a chwrw dan berfeddion.

Mi oedd yno gryn nifer o ferched – 'amball i slasan,' yn ôl Joe.

'Pwyll, rhag ofn iti sathru traed neb,' meddai Idwal.

'Sathru'r iâr dwi angen,' atebodd Joe. Sgwydodd Idwal ei ben a chwarddodd Bob a Sam.

Y miwsig yn colbio allan, yr hogia'n yfad fel tasa 'na ddim fory a'r genod yn dawnsio a 'mrengian ar rai o'r hogs. Bob a Sam, Idwal a Maw yn eistedd tu allan yn trafod y dydd a'r symudiad nesa.

'Dwi ddim yn meddwl fydd 'na lawar o stŵr hefo'r Banburys,' meddai Bob. 'Ma nhw wedi cael dipyn o ddych heddiw.' Gwenodd yr hogia, ac roedd dannedd Maw fel piano tafarn – gwyn, du ac ar goll.

'Mae'r Fall am ddod i'r golwg cyn bo hir, hogia, a bydd rhaid ymateb yn uffernol o galed,' meddai Bob. 'Toes dim posib planio ymlaen llaw nes da ni'n gwybod be di be'.

Ymlusgodd y pedwar am y dorm, y darn cysgu, a rhoi eu

penna i lawr. Doedd dim angen i bawb fod yn joli-lob heno. Daeth Joe allan o'r clwb â bodan handi, gwallt du hir a choesa'n mynd am byth. Tynnodd hi ato a snogio gyda hi ac yna ei harwain am y tŷ gwair. Dringasant i'r das a dechreuodd dynnu ei dillad – wel, cododd ei sgert ledar a thynnu'r mymryn cadach oedd ganddi dros ei thwll, i'r ochor. Cusanodd hi eto ar ei gwefusau ac yna ei gwddw, taflodd ei phen yn ôl a gwthiodd ei facha i fewn i'w chwch gan chwilio am y dyn bach. Rowlio ac ymbalfalu; gafaelodd hithau yn ei beipan a suddo ar ei glinia dan sugno arni.

'Wyddwn i ddim mai *flautist* oeddat ti,' meddai Joe, a lladd yr eiliad. Cusanodd hi eto ac yna ei thaflu dros felen o wair a'i rhuthro o'r tu ôl. Dobiodd fel y diawl, hitha'n griddfan, trywanodd ei thwll tin . . .

'Is, ffwcin is!' gwaeddodd.

'Ma' siŵr mai cyngor Gwynedd nath gynllunio merchaid,' meddai Joe. 'Pwy arall fasa'n rhoi cae chwara yn ymyl *sewerage*?'

'Cau dy geg a pwnia!'

'Nefoedd!' ebychodd Joe, a thynnu y fach allan, a dyna'r ddau yn ei hel hi yn ôl i ddawnsio.

Nid Joe oedd yr unig un yn y cae chware'r noson honno. Nid pob merch oedd yn cael dŵad i'r partis 'ma. Anamal y deuai'r gwragedd a'r bodins. Dim ond genod heb wŷr a chariadon, genod yn hoffi amser da oedd y rhan fwyaf, ac roedd rhaid i ddau o'r hogia eu hadnabod rhag ofn ysbiwyr a gwŷr. Does dim gwaeth na gŵr yn methu cyflawni ei swydd.

'Nest ti dalu i rhein ddod, Maw?' gofynnodd Idwal.

'Na, ma 'na gymaint yn gwneud am ddim yma ma'r hŵrs yn llwgu,' oedd yr ateb.

Bore Sul roedd rhaid rhoi rhywfaint o amser i'r hogia ddod at eu hunain. Unarddeg oedd amser cychwyn. Mi fuasai pawb adref erbyn dau o'r gloch. Rhwng Aber Cywarch a

Dinas oedden nhw, felly hogia Dyffryn Ogwen oedd angen trafaelio bella.

Mi ddoth amser cychwyn ac ar ôl ysgwyd llaw a gweiddi 'wela'i di' dyna wllwn uffern i ddistawrwydd y fro gan obeithio fod y cwrdd drosodd – roedd angen cadw pobol barchus ar eich ochor. Diflannodd y Cŵn am Mach a'r Gwylliaid i bob cyfeiriad a throdd y Ffernols am y Bala trwy Brithdir ac yna am yr A5. Yr A470 oedd hi i bawb arall a ffwrdd â nhw ochor yn ochor yn criwsio ar saith deg milltir yr awr. Y sŵn, y gwynt, yr haul ar dy wyneb, yr olygfa ddigon â dwyn dy anadl ar hyd Abergeirw, a mwy na hyn i gyd: roedd rhywun mor brysur yn reidio, roedd y meddwl yn wag o helyntion bywyd.

'Mi o'n i'n gallu ogleuo porffor y ffriddoedd heddiw, a sylwoch chi fel roedd yr haul yn dawnsio ar Stwlan?' meddai Bob. 'Go brin,' meddyliodd.

39

Bore dydd Llun oddeutu naw o'r gloch daeth Tom â'i fan i gowt y clwb i Ffi gael edrych o dani. Roedd Tom yn ama bod angen *trackrod end* arni. Mi oedd Efs yno yn llwytho'i barseli o'r lorri oedd wedi cyrraedd, Sam yn y clwb yn rwla a Bob yn 'dal y gannwyll' i Ffi.

Diawl, dyna *pickup* goch Mitsubishi 1200, *crew cab* yn troi i fewn i'r iard. Gwyddai Bob yn syth mai'r Fall oedd rhain. Chymerodd o ddim sylw ohonynt, dim ond picio i fewn i'r clwb a dod allan hefo gwydriad bach o ddiod. Daeth Sam i'r golwg gyda brwsh llawr yn ei law a dechra sgubo o amgylch y drws.

'Paid â codi llwch,' meddai Ffi gan godi odd'wrth fan Tom.

Aeth Bob at ffenast gyrrwr y *pickup* a gofyn, 'Be tisio?' Gwelodd wn yn llaw y teithiwr sêt blaen ac roedd dau glown yn y cefn.

'English mate.'

'Not your fuckin mate; what d'you want?' meddai Bob.

'The Boss needs a chat with you.'

'Tell him to come here; this is my country, you don't tell us what to do here,' ac ar hynna dyna Bob yn cymryd cegiad o'r ddiod a'i boeri at y gyrrwr gan danio leitar ar yr un pryd. Wel, doedd o fel *flame thrower*, a dyna Sam yn agor y drws ochor a chwistrellu pawb gyda *fire extinguisher*. Sôn am ddrama, y dreifar 'di colli'i locsyn, y trafaeliwr blaen 'di colli ei wn yn y miri a'r ddau yn y cefn wedi colli gwyneb am fod y ddau wedi gweiddi fel dwy jolpan.

'Next Saturday, ten o'clock, here; only four of you. If you're late or up to any funny business it'll be a war,' meddai Bob wrthynt. A ffwrdd â nhw ar chydig o wib i ddeud y gwir, fel cath i gythraul.

'They're fuckin nuts, man,' meddai un o'r Fall.

'You better believe it,' meddai Sam o dan ei wynt.

'Wel, ges i wn,' meddai Tom, a chwarddodd yr hogia.

40

Bu planio mawr drwy'r dydd rhwng Bob a Sam.

'Lawr yr A5 ddo'n nhw, felly rown ni feic gwyllt yn Druids, os dro'n nhw am Bala ne mynd yn eu blaen gawn ni amcan am amser,' meddai Bob. 'Dwi ddim yn eu gweld nhw'n dŵad trwy Blaenau, a bydd rhaid rhoi sbotars yn Corwen i wylio ceir. Fyddan nhw mor ofnus fydd dim ar eu meddylia ond dod i fewn ac allan yn handi.'

Daeth y Sadwrn ac aeth Gordd a Jip am Druids. Beic Gordd ar ei stand a bag tŵls wedi ei agor gan yr hogia. Beic gwyllt ydi beic lle ma dy drwyn ar y lôn a dy din yn yr awyr – mae'n gallu gwneud cyflymdra o gant ac wyth deg tra mae'r Harley yn feic cant a deg heb wario'n wirion arno. Chwarter wedi wyth oedd hi.

'Ffwc, da ni yma yn fuan,' meddai Gordd. Ac ar hynna dyna transit fan las tywyll yn pasio hefo tri yn y pen blaen a locsyn beicar gan ddau.

'Ffonia fo fewn,' meddai Gordd.

Glaniodd car du yn y clwb am bum munud i ddeg, ac wedi parcio o flaen y caffi roedd transit las tywyll. Siaradodd Bob drwy'r ffenast, a Sam wrth ei ochor. Ni wyrodd y ddau felly roedd rhaid i'r trafaelwyr wyro i siarad.

'We'll come in for a chat,' meddai'r dyn.

'No ffwcin way, you're not staying that long,' meddai Bob. 'All I want is for you lot to stay out of north Wales. It's as simple as that, and in reality we shouldn't be talking,' meddai gan agor drws cefn fan Rip, a dyna lle roedd pump o'r Fall wedi eu clymu.

'Take your shit and ship out. You know the score.' Tynnwyd y carcharorion allan a chiciodd Sam eu tina wrth iddynt redeg am y transit. Trwy'r Bala y daethai'r Transit, ac fel roedd yn dod i lawr am Gellilydan fe'i harafwyd gan dractor a threlar yn cael ei ddreifio gan Ger. Daeth dau Harley o lôn Llan gyda dau o hogia ar bob un. Cnociwyd ar ffenast y dreifar a'i fwgwth gyda twelf bôr. Tynnodd i fewn i Gellilydan yn handi iawn.

41

Bore dydd Llun braf, a'r haul yn tywynnu. Cychwynnodd Joe am adref. Roedd wedi bod yn hel ei din yng Nghefn Mawr, ochre Wrecsam. Rhyw lances wedi mynd â'i fryd. Taniodd ei Harley a neidio ar y bwystfil, a'i chychwyn hi am yr A5 ac adra a'r *patches* ar ei gefn.

'Fydd hon yn reid nefolaidd gyda'r haul ar fy nghefn a gogoniant Eryri o 'mlaen,' meddyliodd. Cyrhaeddodd yr A5, ac ar ôl Froncysyllte mi 'ddaeth cysgod sydyn dros y waun' a chafodd ei drawo gan Range Rover fawr ddu o'r tu ôl. Gwthiodd hi'r beic nes i Joe golli rheolaeth, trodd y llyw a thaflu Joe i'r awyr ac ar ei ben i bostyn teliffon, a'r beic yn gorwedd yng nghanol y ffordd yn fil o ddarnau.

Mynd wnaeth y Range Rover, ac mi stopiodd rhyw deithiwr gwerthu blawd gyda Joe a ffonio am ambiwlans a heddlu. Daeth y rheini yn sydyn, ond roedd Joe wedi mynd i Abergofiant, fel fasa'r hogia yn ddeud.

Tua phedwar o'r gloch y prynhawn oedd hi ar Idwal yn cael y newyddion. Ffoniodd o Bob a dywedodd hwnnw wrtho am fynd i weld y beic yn yr iard *recovery* a thynnu'r camera oedd wedi'i guddio yn y bacrest cefn.

Galwodd Idwal yn y clwb tua naw a rhoi'r camera i Efs. Mewn hanner awr mi oedd gan Efs rif y car a llun y gyrrwr. Gan fod y camera mor uchel roedd posib gweld y gyrrwr pan oedd yn bell o'r beic. Ffoniodd Bob gyfaill yn heddlu Lerpwl a dywedodd hwnnw y bysa'n medru darganfod yn enw pwy roedd y modur wedi'i gofrestru y diwrnod canlynol pan fyddai o'n gweithio. Daeth yr alwad y bore wedyn a chafwyd y manylion.

'Trip i ochrau Manceinion fory hogia i stagio'r boi yma,' meddai Bob.

O ddydd Mercher tan nos Iau bu gwylio ar y gŵr oedd yn berchen ar y Range Rover. Darganfuwyd lle roedd o'n gweithio, a phwy oedd pwy yn ei deulu.

Eira trwy'r penwythnos ac yna roedd angen trefnu'r angladd. Mi oedd Joe wedi gwneud rhyw fath o drefniant, hynny yw, 'Llosgwch fi hogia, a pan mae na ffeit tafla'n llwch i i llgada'r bastads.'

Gofynnwyd i'r Hogia a fysan nhw'n cau'r lôn. Grŵp o feicars oedd y rhein oedd yn hoffi reidio a ddim isio bod mewn clwb ffurfiol, ond wedi bod o gwmpas ddigon i wybod y rhaffa.

'Dim problem; mi fysa'n anrhydedd,' meddai D, un o'r arweinwyr.

42

Roedd yr angladd y dydd Mercher canlynol am hanner awr wedi un yn y crem. Tua hanner dydd dechreuodd beics gyrraedd cartref Joe. Maes Ogwen dan ei sang o feics.

Cafodd Bob, Kit, Idwal, Sam a D gyfarfod sydyn i drefnu'r orymdaith. Pont y Tŵr: cau lôn, trwy Pesda a lawr am y crem. Pum munud i un: chwiban ac arwydd. Pawb yn barod, D a chwech o'i gyfeillion i'r pen blaen. Bob ac Idwal ochor wrth ochor ac yna y Ffernols, hers a dau gar y teulu gosa. Yna y Meheryn, Cŵn Annwn a'r Gwylliaid Cochion. Pawb yn eu pennod, a thu ôl i'r rhain, pob beicar oedd am dalu teyrnged, wedyn ceir. 'Gad i ryw chwech car fynd, fuck it wedyn,' oedd ordors Bob i D. 'Ymuna yn gefn *y patch* hefo dy hogia.'

Ffwrdd â'r orymdaith: Tansgrafell, Grisia Cochion a Pont Tŵr. Roedd dau o hogia D wedi cyflymu a chyrraedd yr A5 gan gau un ochor i'r lôn er mwyn i'r osgordd drafaelio heb stop. Aeth pawb heibio ac fe ddrifftiodd hogia D i'w priod le yn y garfan. 'Run peth yn y pum cylchfan nesa ac yna troi i fewn i'r crem lle oedd rhywfaint o feicars wedi cyrraedd o wahanol ardaloedd. Pawb yn parcio â'i din i mewn, chwech yn aros allan i wylied y beics a pawb arall i mewn.

Dim ficar ond recordiau a brawd Joe yn rhoi teyrnged, record arall ac Idwal yn rhoi ei bwt, canu 'Dan ni yma o hyd', braidd yn ironic, a darfod gyda Hen Wlad Fy Nhadau. Tynnodd Bob faner Cymru oddi ar yr arch a'i phlygu a'i rhoi i fam Joe.

'Dyna ni,' meddai Bob o dan ei wynt. '*Another one bites the dust.*'

Tra oedd y teulu yn tin-droi a siarad hefo hwn a'r llall, heliodd y beicars hi o'no ac am y Vaynol Arms yn Pentir. Fan honno roedd y te claddu, ac erbyn i'r teulu gyrraedd mi oedd pawb wedi cael peint. Aeth Bob at yr ymgymerwr a gofyn faint oedd y gost.

'Dwi wedi talu am y te,' meddai Bob, 'rhag iti roi dy *twenty percent* ar ei ben o.' Chwarddodd yr ymgymerwr yn nerfus a setlodd Bob y bil mewn cash. Dwtsh yn rhatach am fod yr ymgymerwr yn poeni os oedd am gyrraedd adra yn saff.

Pasiodd Bob becyn i Idwal a dyna'r ddau'n mynd at fam Joe a deud fod pob dim 'di'i dalu ac iddi beidio poeni am ddim, ac os byddai mewn strach iddi gysylltu ag Idwal. Rhoddodd Idwal y pecyn iddi, a oedd yn cynnwys pedwar deg mil o bunnoedd: deg gan bob adran o'r clwb. Fyddai hi ddim yn gwybod tan iddi gyrraedd adra be oedd yn y pecyn.

Ymlusgodd Bob draw at D a'i longyfarch ar y gwaith da roedd yr hogia wedi'i wneud. 'Ma gen i bres petrol i chi,' meddai.

'Ffwcin el, paid â insyltio ni, oedd Joe yn hen foi iawn; fasan ni yma eniwe. Ddo'n ni i un o'ch partis.' Ysgwyd llaw yn ôl trefn y beicars, a felly buodd hi.

'Dan ni am adael rŵan,' meddai Bob wrth Idwal. 'Daliwch arni am chwarter awr ac wedyn gad i'r teulu aros.' Taniwyd y beics ac am Fangor, trwy Felinheli a thrwy sgwâr Trecastell yn griw o 'n o agos i bum deg, yna Llanwnda, Pen'groes ac *all points south*.

43

Gadawyd pob sôn am Joe wedyn tan wythnos wedi'r angladd. Fe wnaethpwyd galwad ffôn i'r Fall i gyfarfod fore Sadwrn mewn *boot sale* yn Northwich.

'Dwi'n ei chachu hi,' meddai Aled wrth yrru'r fan. 'Sgin i'm llai nag ofn.'

'Duw, paid â poeni, dan ni i gyd dipyn yn nerfi,' atebodd Gwyn.

'Chdi sydd wedi cachu fel cwningan yn cefn 'ma?' meddai Dafs dan chwerthin. Ond roedd pawb yn gwybod mai nerfau oedd hyn, fel chwara yn cỳp ffeinal. Unwaith ti ar y cae - lwcowt.

'O'dd nain yn gwneud handstand yn gegin ddoe heb flwmar!'

'Iesu gwyn!' meddai Aled.

'Be da chi'n neud, nain? medda fi wrthi,' meddai Dafydd.

'Wel, os 'di taid yn methu'i chael hi i fyny geith o'i gwllwn hi i fewn!'

Fel hyn roedd hi ym mhob modur ar y daith, yr hogia'n ceisio dygymod gyda'r niwed oedd am ddigwydd.

Bu cynllwynio a chael trefn ar bawb ac ar y bore Sadwrn cychwynnodd pawb o'u trefydd am Northwich. Dim beics: faniau, ceir a dwy *estate*.

Mi oedd hon yn glamp o job, a hyd yn oed deg o'r genod wedi dod. Cyrhaeddwyd y sêl a pharcio'r cerbydau yn y parc, a rhai ar y ffordd fawr. Parciwyd un fan ym mhen pella'r cae. Roedd tu mewn pob fan wedi'i orchuddio â *sheet* blastig, poteli dŵr ac offer cymorth cyntaf.

Roedd pawb ar wasgar yn edrych ar y byrddau ac ati, Kit mewn het gowboi a chot camo, Lynne yn hongian ar ei fraich. Fynta yn uchel ei gloch yn bargeinio am ryw dacla. Lowri a Mags mewn sodla uchel, sgerti diawledig o fach a'u tethi bron allan, fraich wrth fraich ac yn chwerthin wrth gerdded o amgylch. Doedd y genod ddim yn deallt be oedd y rheswm dros eu cael nhw yno, sef tynnu sylw a meddylia y Fall oddi ar y . . .

Cyrhaeddodd tua dwsin o'r Fall, yn llancia ar eu beics ac yn gwisgo'u lliwiau. Parcio i fyny, a digon o jarffio, a phobol yn cadw draw oddi wrthynt. Daeth Bob ymlaen atynt a deud mai dim ond y gyrrwr roeddan nhw ei angen.

'No way,' oedd yr ateb, ac ar hynny llamodd Kit, Sam, Idwal, Bob a Tom i'w canol a waldio fel dynion gwirion. Daeth hanner dwsin arall o'r Fall o rywle a neidio i mewn. Arfau o bob math yn cael eu defnyddio. Kit yn ei cholli hi'n lân am fod rhywun wedi ei fwgwth â chyllell. Sŵn trwyn yn malu fel curo dy ddwrn mewn bresych. Ton o hanner dwsin o Feheryn i fewn a hynny bob pum munud.

Edrychodd Bob i'r chwith ac roedd Kit yn chwerthin wrth golbio. Yn canu, i ddweud y gwir: 'Rourke's Drift hogia, Rourkes Drift!' gwaeddai dros bob man. Tu pella iddo roedd Sam yn waed drosto a chyllath yn ei law fel petai wedi lladd mochyn. Mi oedd ei llygada yn melltio yn ei ben.

'Ffwc, ma' di cholli hi,' meddyliodd Bob. Roedd yr hogia'n ymladd fel y dyn yn y ffilm Patriot ac roedd 'na doman o gyrff yn griddfan dan draed yr ymladdwyr. Mi oedd Tom yn torri tu ôl ei bengliniau gyda chyllell Stanley ac yn waeth na hynny roedd yn defnyddio dau lafn â cheiniog rhyngddynt i wneud y cut yn anoddach ei bwytho.

Cododd Bob ei wn a'i anelu at Sam gan weiddi, 'Sam!' Trodd Sam, taniodd Bob a syrthiodd un o'r gelyn i'r ddaear. Roedd wedi bod ar fin lladd Sam â bwyellt fawr. Mi oedd y Meheryn wedi curo, a dyna'r fan ym mhen draw'r cae yn chwythu i fyny.

Toddodd y Meheryn o'r cae yn y stŵr. Mi oedd rhaid diflannu wedi tanio gwn (refolfer, fel bod cas y bwled yn dod adra hefo chdi). Y genod yn nyrsio yng nghefn y faniau wrth drafaelio i bedwar ban. Dau ddwrn Jip yn gignoeth a gorfod rhoi ei bawena mewn dŵr hallt, tan ei fod yn gweiddi fel plentyn.

Byddai rhywun oedd angen ysbyty wedi cael ei gludo yn yr estate ond roedd pawb yn ok. Bwriad rhoi ffrwydron yn y fan oedd tynnu sylw'r gynulleidfa er mwyn cael toddi o'r cae gan obeithio fod mwgwd pawb i fyny er bod rhai o'r hogia wedi'u pardduo gyda phaent camo. Aeth rhai am Runcorn, ac yna yr A55, Caer ac yna Rhuthun, Nantwich a'r Drenewydd a'r M6. Ar y teithiau hyn y cwbwl a glywid oedd 'Welist ti fi yn . . . ', 'Welist ti fi llall'.

'Dwi isio piso,' meddai Dafs.

'Ti di piso dy drow yn barod,' meddai Efs gan bwyntio at Dafs.

'Wel, nes i ddim ei gachu o fel hogia'r Fall,' oedd yr ateb.

Mi oedd rhai o'r hogia allan ar eu traed, wedi rhoi y cwbwl. Difrod, do – ambell lygad du a gwefusau fel Jordan, 'senna poenus ac ambell i doriad cyllell ar fraich angen rhywfaint o bwythau. Mi fyddai briwiau'r Fall yn waeth; roedd Sam wedi bod yn cadw ei gyllyll mewn cachu ci fel bod 'na *infection* yn y *cuts*.

Arhosodd Lowri a Mags ar ôl ar gae'r sêl am ddwy awr i glywed be oedd pobol yn ddweud wrth yr heddlu a rhoi eu fersiwn nhw iddynt hefyd.

'Mi oeddat ti mor goch â rhwbath o'r blaid Lafur pan

welais i ti yn ganol yr ymladdfa!' meddai Bob wrth Sam.

'Arna'i un iti mêt,' meddai Sam dan wenu.

Roedd ambell un yn methu cysgu ar ôl y sgarmes ond rhaid cofio, dyma ydi'u bywydau nhw: ymladd, y buzz o fynd yn erbyn gelyn, yr anwybod, y cyffro, y Frawdoliaeth . . . Roedd Bob a Sam yn gwylio rhai o'r hogia yn fwy na'r gweddill am eu bod yn amau eu cryfder meddyliol. Rhaid chwynnu'r y gwan neu fydd pawb yn mynd lawr gyda'i gilydd.

44

Bu bywyd yn braf am y ddeufis nesa, yr Eira yn lluwchio a phawb yn gwneud arian. Ond un diwrnod canodd y ffôn.

'Ia?' meddai Bob.

'Trwbwl yn Machynllath,' ebe Maw.

'Damia! *Here we go again . . .* '

Ond stori arall 'di honno.